DÉCLARA D'HUMOUR

Les meilleures répliques du one man show et du stand-up depuis 50 ans

Remerciements

Un grand merci aux attaché(e)s de presse, agent(e)s d'artistes, aux sociétés de production et, surtout, aux humoristes qui ont accepté de participer à l'ouvrage.

Merci aussi à mon ami Alexandre et à Marie Guibourt, auteure et coach scénique, d'avoir relu le manuscrit aux prémices du projet.

INTRODUCTION

Y a-t-il un humour français ? Un esprit français ? Une ironie à la française, héritière des pointes assassines ou guillerettes qui fusaient dans les dîners de courtisans au XVIIe siècle ? Le terme d'*humour* apparaît un siècle plus tard, emprunté par les philosophes français à leurs camarades anglais. Ces derniers avaient eux-mêmes repris un terme français issu du latin, *humeur*, renvoyant à l'antique théorie des humeurs.

L'humour (anglais, juif) désigne une attitude d'autodérision, y compris en situation extrême. L'esprit français, lui, s'adresse à un interlocuteur sur le mode d'une répartie divertissante ou cinglante. Et s'il y a une histoire des humoristes, elle commence au XIXe siècle, avec la figure du chansonnier, figure hybride de poète-humoriste qui fait la synthèse entre poésie, chanson et chronique sociale. Bien sûr, le rire est consubstantiel à la vie en société, de tout temps. Et si le rire est le propre de l'homme, comme l'affirme Rabelais dans la foulée d'Aristote, alors le propre d'un livre sur le rire, c'est d'assumer une subjectivité dans sa présentation.

L'humour en Occident a certes évolué depuis cent cinquante ans, les codes ont changé : on est passé du cabaret au one man show, du one man show au stand-up. Mais au fond, ce sont toujours les mêmes sujets qui nourrissent l'inspiration des humoristes. De Coluche à Blanche Gardin, de Jamel Debbouze à Muriel Robin, de Patson à Élisabeth Buffet, on parle toujours des problèmes sociaux, de la vie quotidienne, des soirées entre amis.

Peut-on rire de tout ? La question est d'une banalité totale, mais elle revient toujours sur le tapis. Pierre Desproges y a répondu en 1983 dans un journal télévisé de FR3 Nord-Pas-de-Calais : « Je pense effectivement qu'on peut rire de tout, mais pas forcément avec tout le monde. » Et il ajoute : « Les nazis pratiquants ou les stalinistes convaincus, j'ai pas envie de rire avec eux. » Dans son livre *Vivons heureux en attendant la mort*, il précise : « Il vaut mieux rire d'Auschwitz avec un juif que jouer au Scrabble avec Klaus Barbie. » Mais contrairement à ce que laissent entendre certains rabat-joies, on peut toujours rire de tout, et même quand ça fait mal.

Des chansonniers au stand-up

Cette histoire commence à la fin du XIXe siècle, sur les boulevards parisiens illuminés par les devantures des bals et des cabarets. Les néons attirent les chalands, les yeux brillent sous les feux de la rampe. Chaque soir, danseuses, poètes et chansonniers créent un nouveau type de spectacle en enchaînant sur scène leurs numéros. Valentin le Désossé et La Goulue animent la revue du Moulin-Rouge, tandis qu'au cabaret du Chat noir inauguré en 1881, Rodolphe Salis présente un plateau d'humoristes et de chansonniers, dont le plus connu, Aristide Bruant, entonne des chansons grivoises ou sarcastiques. Sur une affiche de 1893, Toulouse-Lautrec le représente de dos face au public du Mirliton, l'ancien local du Chat noir, où il se produit tous les soirs. À la même époque (1880-1881), Sarah Bernhardt, venue aux États-Unis jouer *Phèdre* de Racine, déclame des poèmes à la salle entre deux représentations. En 1895-1896, Mark Twain, l'auteur des *Aventures de Tom Sawyer*, entame une tournée mondiale de conférences, un monologue comique déjà bien rodé qu'on peut considérer comme du stand-up et qui réjouit les *gentlemen clubs* anglais.

À Paris, Londres et New York, les humoristes inventent une forme de spectacle proche du stand-up. Ainsi voit le jour un dispositif où se succèdent les artistes. Cent ans avant les plateaux comiques et les « line up » des comedy clubs américains, la revue de cabaret se constitue en une suite de numéros, esquissant un type d'humour fondé sur la forme brève, remarquable et mémorable. Quand on n'a que quelques minutes pour briller, il faut « envoyer » des vannes, des sentences, des punchlines ! Tout comme les futurs stand-upeurs, les chansonniers s'illustrent donc dans un art très particulier : celui de la répartie qui fait mouche.

Les cabarets connaissent leur apogée dans les années 1950 et 1960, avec les duos formés par Jean Poiret et Michel Serrault, Jean-Pierre Darras et Philippe Noiret, Roger Pierre et Jean-Marc Thibault. Quelques figures annoncent le stand-up comme Robert Lamoureux, Fernand Raynaud et Anne-Marie Carrière. Dans un autre registre, Raymond Devos traverse soixante ans de scène humoristique avec son humour de mots, fin et absurde.

Du stand-up au one man show

Dans les années 1980, deux émissions TV mettent à l'honneur un nouveau style d'humour seul en scène : le one man show, et dévoilent le dispositif du café-théâtre qui l'accueille. On découvre alors bien des artistes qui deviendront des vedettes de la scène. Au *Théâtre de Bouvard* sur TF1 (1982-1987) débutent Les Inconnus (qui forment alors « Les 5 » avec Smaïn et Seymour Brussel), Chevallier et Laspalès, Didier Bénureau, Michèle Bernier, Gustave Parking, Muriel Robin, Chantal Ladesou. Ensuite, *La Classe* de Fabrice sur Antenne 2 (1987-1994) accueille Jean-Marie Bigard (au talent duquel Philippe Bouvard ne croyait pas), Pierre Palmade, Michèle Laroque, Anne

Roumanoff, Vincent Lagaff, Les Vamps, Élie Kakou, Sophie Forte, ou Maurice Barthélemy des Robins des Bois. En 1989 est lancée LA radio de l'humour, Rire et Chansons, pour diffuser les sketchs des humoristes qui marchent. Ces programmes dessinent une sensibilité, un style d'humour : le one man show à la française, une galerie de portraits présentant une succession de monologues par un comédien seul en scène qui, souvent, s'adresse à un personnage absent. Ici, le seul en scène porte bien son nom, puisque le comédien n'a aucune interaction avec le public. Le plateau de théâtre est comme un espace clos, fermé par quatre murs : en fond de scène, côté cour, côté jardin... et côté salle, le fameux « quatrième mur ». Selon cette convention, l'acteur de théâtre ne s'adresse pas aux spectateurs et ne réagit pas à ce qui se passe dans la salle. Ce quatrième mur que le cabaret avait fait valser tombera pour de bon avec l'arrivée du stand-up.

Dès les années 1970, entouré de la bande du Café de la Gare dirigée par Romain Bouteille, Coluche apparaît comme un précurseur du stand-up, avec sa gouaille, son adresse directe aux spectateurs, et la forme nébuleuse de certains de ses sketchs (« L'histoire d'un mec », qui s'étire jusqu'à une chute sans importance). Coluche lui-même, d'abord inspiré par les voix qu'il entendait à la radio (Maurice Biraud, Jean Yanne ou Jacques Martin), a fait énormément de chroniques sur Europe 1, et donc produit un flux de vannes qui font penser à la forme stand-up, à la punchline. Dans la lignée de Fernand Raynaud, il s'inspire de ce qui marche dans les cabarets. Son jeu de scène repose en grande partie sur son bagout et une faculté d'imprégnation qui lui permet de capter l'air du temps, quitte à emprunter des façons de penser ou des répliques. « Inculte mais volontaire et désobéissant », selon Romain Bouteille qui l'a vu démarrer au Café de la Gare, Coluche « pige très vite les mécanismes ». Ces mécanismes qu'il s'approprie, en intégrant les ficelles rhétoriques du café-théâtre à un monologue qu'il débite avec la gouaille de sa banlieue, Montrouge.

Chaque époque a d'ailleurs son style : dans les années 1970, on sent une veine très politique, héritière des chansonniers, avec les imitations de Thierry Le Luron et *Le Petit Rapporteur* de Jacques Martin (1975-1976). Le début des années 1980 est marqué par la satire du *Tribunal des flagrants délires* de Claude Villers, Pierre Desproges et Luis Rego et du *Bébête show* de Stéphane Collaro, Jean Amadou et Jean Roucas. Ensuite, *Palace* (1988-1989) dénote l'humour décalé de Jean-Michel Ribes. Le premier à tenter d'importer en France l'esprit des *late shows* à l'américaine, c'est Dominique Farrugia qui crée la chaîne Comédie ! en 1997. Au début, la télévision et la radio captent le spectacle ou le mettent en scène, reproduisant le dispositif théâtral, plutôt que de générer leurs propres formes humoristiques, comme le feront les parodies des Inconnus ou des Nuls, les séries TV humoristiques et les collectifs de youtubeurs. Tous ces médias produisent un humour qui marque l'époque et offre aux consommateurs un divertissement efficace et ludique – autant de formes comiques absentes de ce livre consacré aux répliques de l'humour en scène, à quelques exceptions près.

Du one man show au stand-up

C'est en 2004-2005 qu'apparaît sur la scène française un nouveau genre d'humour codé et communautaire venu des États-Unis, le stand-up, porté d'abord par Jamel, Mustapha El Atrassi, Tomer Sisley, puis par les membres du Jamel Comedy Club. Après les émeutes de 2005 à Clichy-sous-Bois, comme par un retour de balancier, les médias choisissent de faire émerger des humoristes issus des minorités jusqu'alors invisibles à la TV. Les planètes s'alignent pour ceux qui s'étaient d'abord réunis au sein de plateaux de comiques, le Comic Street Show et Barres de rire, et qui sont signés par Jamel dans son Comedy Club. Le jeune public s'approprie alors le stand-up comme il avait investi le rap, ces deux arts qui introduisent un flot d'oralité populaire dans la performance scénique. Cette performance est adressée directement aux spectateurs qui reçoivent les vannes en pleine face comme des tartes à la crème. Mais l'interaction n'est pas réelle. Tout est feint dans cette adresse et si le public ose répondre à haute voix, l'artiste le remet aussitôt à sa place.

C'est le paradoxe du comédien de Diderot, poussé à son paroxysme. Il s'agit non seulement de montrer quelque chose de naturel de façon artificielle, mais en plus de feindre la spontanéité et une connivence sans fondement alors que tout est écrit et mis en scène. Et même chez les improvisateurs (une bonne impro est toujours préparée), les répliques correspondent toujours à des échanges types, à des répliques que l'humoriste pioche dans des tiroirs où sont rangées toutes les interactions possibles avec le public. Le stand-up offre un regard décalé sur le réel, il met en scène des situations quotidiennes, grossit le trait pour provoquer une chute qui fait rire. Cette exagération est moins caricaturale qu'on peut le penser. « Plus un humoriste est intelligent, moins il a besoin de déformer la réalité pour la rendre significative », écrit André Gide dans son *Journal*. Ainsi, l'humoriste américain Louis C.K. développe ses prémisses avec un don d'observation si précis qu'elles se suffisent à elles seules, énoncées avec cette « attitude », cette humeur, cette exaspération qui donne à son point de vue une saveur unique.

Où se produisent les humoristes ? Qui les produit ?

Quelques cafés-théâtres ont donné leur nom à des troupes (le Café de la Gare, le Splendid, le Carré Blanc). D'autres ont laissé l'empreinte de leur réputation : Bobino, le Point Virgule, le Temple devenu l'Apollo. Des festivals (Montreux, Juste pour rire) et des chaînes TV et radio (Canal+, Europe 1, France Inter) ont mis en avant les meilleurs artistes de la scène humoristique. Certaines chaînes ont créé un « esprit ». Sur Canal+ sont passés Les Nuls, le duo Antoine de Caunes et José Garcia, Jamel, Omar et Fred, Thomas Ngijol, Pierre-Emmanuel Barré, Roman Frayssinet, Djimo et Redouane Bougheraba. Sur France 2, qui a adapté en 1999 la mini-série québécoise *Un gars, une fille*, avec Jean Dujardin et Alexandra Lamy, l'émission dominicale de Michel Drucker a accueilli Anne Roumanoff, Ben et Arnaud Tsamere, Éric Antoine, Walter ou Mathieu Madénian. Ils sont encore plus nombreux à être passés par la case France Inter : jadis, au sein de la bande à Ruquier (Didier Porte, Christophe Alévêque, Jean-Jacques Vanier, Laurent Gerra), puis dans la Matinale avec Stéphane Guillon, Sophia Aram, Nicole Ferroni, Alex Vizorek, avant Waly Dia, Benjamin Tranié ou Djamil Le Schlag. Les chroniques humoristiques étaient si importantes sur la station publique que celle-ci avait pris l'initiative de réunir la bande de Nagui et celle de Charline Vanhoenacker sur un plateau présenté par Daniel Morin, *On ne plaisante pas avec l'humour !*, avec Tanguy Pastureau, Guillaume Meurice, Aymeric Lompret, ou jadis Constance. Mais au printemps 2024, la plupart de ces humoristes ont démissionné suite au licenciement de Guillaume Meurice. On pourrait ajouter Europe 1 (Gaspard Proust, Nicolas Canteloup et son coauteur Philippe Caverivière), RTL (*Les Grosses Têtes* animées par Philippe Bouvard puis Laurent Ruquier, les chroniques de Laurent Gerra), Rire et Chansons, porte-voix des humoristes (et sa version scénique, les Open du rire), ou la chaîne web YouHumour créée par Anne Roumanoff et Philippe Vaillant. Ce qui nous amène à évoquer le rôle des producteurs d'humour comme, en France, Paul Lederman qui a produit Coluche puis Les Inconnus, Jimmy Lévy, Kader Aoun ou Jean-Marc Dumontet - mais aussi Grégoire Furrer en Suisse, créateur du Montreux Comedy Festival, inspiré par la figure tutélaire de Gilbert Rozon, l'initiateur du festival Juste pour rire au Québec, qui en a démissionné en 2017 à la suite d'accusations d'agressions sexuelles.

Thèmes universels, styles changeants

Ce livre révèle des sujets et des préoccupations communes aux humoristes de chaque époque : l'école, les sorties, la TV, les réseaux sociaux, le shopping, la parentalité, le métro ou les consignes de sécurité aéroportuaires reprises à Jerry Seinfeld par Tomer Sisley et Gad Elmaleh. En somme, les humoristes parlent de la vie, de la naissance à la mort...

Au-delà des plagiats révélés par la chaîne YouTube CopyComic, certaines techniques se révèlent à un moment donné dans une pratique donnée, comme l'impro délivrée chaque soir en public par Kheiron et Sugar Sammy. En exploitant, l'un et l'autre, tous les scénarios possibles pour interagir avec la salle, ils aboutissent sans s'être concertés à certaines vannes communes, comme le révèle Kheiron dans le podcast de Kyan Khojandi et Navo. Sur scène aujourd'hui, on trouve aussi quelques rares héritiers de Raymond Devos (Vincent Roca, Gauthier Fourcade, Michaël Hirsch), des amateurs d'humour absurde formés à l'école François Rollin (Alexandre Astier, Arnaud Tsamere, Vincent Dedienne), des chroniqueurs sociaux (Haroun, Pierre-Emmanuel Barré), des clowns (Marc Fraize, Gustave Parking), des artistes engagés dans un combat pour l'égalité (Noémie de Lattre).

Faire un panorama des humoristes depuis cinquante ans permet aussi de repérer différents styles de one man show et de stand-up. Coluche, Les Nuls ou Les Inconnus ont influencé tellement d'humoristes qu'il serait vain de les citer tous. Florence Foresti reprend à Dieudonné une façon d'adresser sa tirade en reniflant, le pouce sur le nez, marqueur d'oralité populaire à l'époque où Sarkozy l'impose en politique, d'autres empruntent à Élie Semoun une intonation pincée et taquine. Déjà dans les années 1950 et 1960, Claude Piéplu et Raymond Devos avaient la même voix cartoonesque. Plus tard,

Jean-Marie Bigard et Muriel Robin adopteront parfois les mêmes intonations finissantes pour accentuer certaines répliques qu'ils surjouent en détachant les syllabes de manière chantante. Et la scansion de Tomer Sisley, travaillée pour être cool et stylée, comme on s'adresse à ses potes, va influencer certains stand-upeurs du Jamel Comedy Club.

L'art de la réplique

Comment fonctionne une réplique ? Quelqu'un tend une perche, vous la saisissez et vous répondez. Le but est de capter l'attention de l'auditoire en s'adaptant au contexte. Cette adresse comique suppose un certain art de la rhétorique, mais aussi un sens de la pique, de la pointe, de la répartie qui peut devenir un ping-pong verbal entre le clown blanc et l'auguste. L'humour est une réaction spontanée à un état de fait. Une bonne répartie ne naît pas ex nihilo, elle surgit au bon moment, sur un terrain préparé, en rebondissant sur une tirade ou une situation. D'où la difficulté, parfois, d'isoler une réplique du contexte qui la suscite (le *set up* ou la prémisse, en termes de rhétorique stand-up)[1].

Réunir et imprimer des répliques, ce n'est pas aussi vivant que ça devrait. Certaines phrases ne passent pas le cap de l'écrit. Et pour cause, le contexte, le ton, le jeu d'acteur disparaissent. Le mot n'est plus incarné, vivant, virevoltant, on ne voit plus les mimiques ni la gestuelle sur le papier, on n'entend plus l'accent ni la scansion, bref, adieu le jeu d'acteur. Cicéron l'exprime mieux que quiconque : « Le plaisir du texte n'est plus celui de la parole vive, il y manque l'action, la chaleur de la personne, l'ardeur de l'improvisation, les sentiments de l'auditoire[2]. » Le théâtre, le one man show, le comique de scène se réduisent ici à l'état de répliques, dont une partie restent vivantes... Car certaines paroles sont si célèbres qu'on entend la voix de l'artiste en les lisant. Et quand elles s'envolent pour flotter dans le ciel des idées, elles finissent parfois par intégrer la mémoire collective.

Julien Barret

1. *Le Grand Livre des punchlines de Sénèque à Nekfeu*, First, 2023.

2. *Brutus, ou dialogue sur les orateurs illustres*, XXIV, 92, cité par l'helléniste Florence Dupont dans un article paru dans la revue *Ornicar ?* 56, 2023.

SOMMAIRE

CHRISTOPHE ALÉVÊQUE

(né en 1963)

Fougueux et anti-écolo, il commence en 1988 dans le duo Les Stagiaires avec Olivier Lefranc, avant de rejoindre la bande à Ruquier sur France Inter. Adepte de la revue de presse comme Bedos en son temps, il en multiplie les représentations au Théâtre du Rond-Point.

« Le moustique, cet insecte ridicule qui ne sert strictement à rien. Pire qu'un ministre de l'Environnement.
Car le moustique ne sert, mais alors, à rien. Il te dérange, il te pompe, il s'en va : un huissier. Le moustique n'existe que pour faire chier le monde entier. Filer le palu aux pauvres et pourrir la vie des riches au bord de leur piscine. »

***Debout !*, 2005.**

« Les cyclistes qui
se droguent sont-ils
un exemple pour
les drogués qui ne font
pas de sport ? »

***Ça ira mieux demain*, 2015.**

« D'après les sondages, 60 % des gens sont dérangés quotidiennement par le bruit. C'est énorme ! Les autres n'ont pas répondu, ils n'ont pas entendu la question. »

***Debout !*, 2005.**

« Tu te précipites en courant, hop là !, en évitant de justesse un écolo à vélo qui ne s'arrête jamais au feu rouge, parce qu'il est vert, ce con. »

***Debout !*, 2005.**

« — Les Français sont inquiets et veulent des solutions concrètes. Qu'avez-vous à leur proposer ?
— Eh bien, je vous remercie de me poser cette question qui mérite d'être posée. Vous méritez de l'avoir posée en la méritant. Il faut, maintenant, il faudra du courage aux Français. Et je leur dis : il faudra du courage aux Français, et j'en ai. »

***Christophe Alévêque est Super Rebelle !*, 2009.**

« Nous sommes donc 7 milliards sur terre. Heureusement, beaucoup d'entre nous mangent très peu, par solidarité. Et en France, nous sommes donc 65 millions. Enfin, 65 millions selon les syndicats, 32 selon la police. »

***Christophe Alévêque est Super Rebelle !*, 2009.**

« Le jeune, il s'en fout, il a 20 ans. Tu lui demandes :
— T'as une idée de ce que tu veux faire plus tard ?
Il est là :
— À quelle heure ? »

***Ça ira mieux demain*, 2015.**

« 20 ans aujourd'hui ! Ils sont nés avec un préservatif sur le gland, un téléphone greffé à la main, puis on leur a collé un masque sur la tronche, et avec le niveau de la mer qui monte, bientôt un tuba dans le bec ! »

***Vieux con ?*, 2022.**

« Mes enfants, je ne m'en suis tellement pas occupé, quand ils viennent à la maison, ils sonnent, j'ouvre et je leur montre le compteur électrique. »

***Vieux con ?*, 2022.**

« Les réseaux sociaux me rappellent souvent, de façon allégorique, les chiottes publiques de mon enfance, malheureusement sans l'odeur. »

***Vieux con ?*, 2022.**

« Dans le monde actuel, on investit cinq fois plus en médicaments pour la virilité masculine et en silicone pour les femmes que pour la guérison d'Alzheimer. Donc dans quel monde allons-nous vivre dans quelques années ? Nous aurons donc des vieilles avec des gros nichons, des vieux avec des pénis bien durs. Mais aucun d'entre eux ne se rappellera à quoi ça sert ! »

***Ça ira mieux demain*, 2015.**

« Moins les gens vont voter,
plus il y a des débats sur l'abstention.
La dernière élection en France,
c'était en… En ? Vous inquiétez pas,
personne n'y est allé ! »

***Vieux con ?*, 2022.**

« Rien ne doit nous arriver, risque zéro. À la moindre canicule, on en parle tellement avant, elle n'a pas démarré qu'on a déjà chaud. Nous avons le droit, enfants que nous sommes, à la liste des recommandations en boucle qui vont avec : "Mettez-vous à l'ombre et mangez de la pastèque"… Pour ceux qui auraient l'idée de se faire une raclette sur le bitume… »

***Putain de peuple !*,**
Théâtre du Rond-Point, 2022.

PIERRE-EMMANUEL BARRÉ

(né en 1984)

Avec quatre one man shows, il est surtout connu pour ses chroniques radiophoniques et son journal de campagne.
Orateur au ton acerbe et aux textes subversifs, il se plaît à stigmatiser les politiciens et les représentants de la société civile.

« Le spectacle s'appelle *Pierre-Emmanuel Barré est un sale con*. Je ne voulais pas prendre le spectateur en traître. *Pierre-Emmanuel chante la vie*, ça n'attire pas le même public. »

***Pierre-Emmanuel Barré est un sale con*, 2011.**

« On fustige les terroristes pour leur manque de savoir-vivre et leur cruauté, mais est-ce que ce n'est pas grâce à eux et à l'instauration du plan Vigipirate que nos clochards à nous disposent maintenant de poubelles transparentes qui leur facilitent considérablement la fouille ? »

***Pierre-Emmanuel Barré est un sale con*, 2011.**

« Si la jeunesse est endormie, c'est plutôt une bonne chose pour elle, c'est toujours plus sympa de mourir dans son sommeil. Amis jeunes, n'ayez pas peur de l'avenir : vous n'en avez pas. »

***Le nouvel âge dort ?*, TEDxParis, 13 septembre 2016.**

« La dernière fois que quelqu'un a autant raté un truc que François Hollande, c'étaient les parents de François Hollande. »

***Nouveau spectacle*, 2017.**

« J'adore décevoir les gens. C'est mon côté socialiste. »

***Nouveau spectacle*, 2017.**

« Macron, le seul truc qu'il a réussi avec le Covid, c'est de l'attraper. Et encore, il s'en est sorti. »

***Spectacle Pfff...*, 2023.**

« Les réfugiés, c'est un sujet
qui me touche, alors je suis allé voir
comment ça se passait
à Calais : les conditions sont
déplorables, il y a de la boue
partout, les gens sont tristes, sales,
beaucoup ont sombré
dans l'alcool...
Après, j'ai quitté le centre-ville
et je me suis rendu
dans le camp de réfugiés. »

***Nouveau spectacle*, 2017.**

« N'est-il pas plus judicieux
d'attendre d'être trois dans l'ascenseur
avant de péter ? »

***Spectacle Pfff…*, 2023.**

« Si Dieu existait, il nous aurait positionné l'anus dans la paume de la main gauche, de manière à faire caca par la fenêtre sur les longs trajets en voiture. Gain de temps. »

***Spectacle Pfff…*, 2023.**

DIDIER BÉNUREAU

(né en 1956)

Comédien de théâtre et de cinéma, il a joué cinq one man shows dont le premier en 1988, deux ans après avoir écrit une pièce avec Muriel Robin. Idées à gauche, textes ciselés et jeu au cordeau, il interprète beaucoup de chansons à texte parodiques.

« L'homme de droite bosse, lui. Et considère que les autres ne foutent rien. Il déteste ceux qui ne foutent rien, surtout s'ils sont pauvres. Un pauvre qui fout rien, pour lui, c'est une merde. Tandis qu'un riche qui fout rien dans un paradis fiscal, c'est un type qui a tout compris. »

« Petit portrait de l'homme de droite », *Indigne*, Splendid, 2012.

« Moralès, Moralès,
Disparu t'au champ d'honneur
Pour sauver les trois couleurs
Moralès, Moralès,
Toi qui voulais voyager
Te voilà z'éparpillé. »

« Chanson pour Moralès », *Pour Moralès*, théâtre de la Gaîté Montparnasse, 2001.

« Moi, ce qui me fait peur dans le fait de vieillir, c'est la maladie d'Alzheimer. Il paraît que les gens peuvent rester bloqués sur la même phrase, parce qu'en fait ils ne se rappellent pas ce qu'ils ont dit cinq secondes avant. Moi, ce qui me fait peur dans le fait de vieillir, c'est la maladie d'Alzheimer. Il paraît que les gens peuvent rester bloqués sur la même phrase, parce qu'en fait ils ne se rappellent pas ce qu'ils ont dit cinq secondes avant... »

« Alzheimer », *Indigne*, Splendid, 2012.

« Nous venons de mettre au point des prêts mobiles à taux volant. C'est-à-dire que nous montons des prêts sur des appartements qui n'existent pas pour de futurs propriétaires qui sont morts. »

« La finance », *Avec des cochons*, Théâtre Antoine, 2016.

MICHÈLE BERNIER

(née en 1956)

Elle débute en trio avec Mimie Mathy et Isabelle de Botton, qu'elle a rencontrées au *Théâtre de Bouvard*. Fille du « professeur Choron » et ex-compagne de Bruno Gaccio, elle est une féministe au cœur tendre. Son premier spectacle, *Le Démon de midi*, adapté d'une BD de Florence Cestac, a aussi été porté à l'écran en 2005 par sa coautrice et metteuse en scène Marie Pascale Osterrieth.

« Et c'est là que j'ai commencé ma période de grande, grande, grande déprime. Celles qui sont passées par là connaissent ça par cœur, c'est la période robe de chambre, polochon, chaussettes, canapé, Kleenex. Elle peut me remercier, Madame Kleenex. Si elle s'est acheté un manteau de fourrure cette année, c'est grâce à moi. Au matin, d'avoir trop pleuré, j'avais les yeux d'un lapin atteint de myxomatose. »

***Le Démon de midi*, 2010.**

« J'en ai marre des filles toutes maigres qui disent qu'elles ne font pas attention. Et puis je suis contre la gym. Ça fait grossir quand on arrête ! »

***Et pas une ride*, 2010.**

« Il était content de retrouver son home sweet home. Maison sucré maison, pour ceux qui ne comprennent pas l'anglais. »

***Le Démon de midi*, 2010.**

« Il commence à avoir le ventre qui pousse, les poignées d'amour qui dépassent du jean, vous savez, bien visibles, l'été sous le t-shirt blanc. Il y en a parmi vous… Je ne vous épargnerai pas la ride virile, les valises sous les yeux, le double menton, la dent nicotinée. Il se déplume du haut. Ça ne vous a jamais frappé, ça ? On dirait que tous les poils qu'ils perdent dans le haut du crâne leur repoussent dans le nez, dans les oreilles, dans les sourcils. Ça leur fait comme des antennes ! »

***Le Démon de midi*, 2010.**

« Manger, ça doit être une fête.
Et la fête, c'est fait pour
être ensemble. Quand même,
à mon âge, si on commence à
calculer le nombre de repas qu'il
nous reste à faire avant
de mourir, autant se faire plaisir.
Et faire plaisir à nos asticots.
Ah non, parce que les vers qui vont
bouffer les véganes,
ils vont avoir de sacrées carences
alimentaires ! »

***Vive demain*, 2021.**

« C'est le tango d'la ménopause
Le début de l'ostéoporose
Tu comprends pas, viens que je t'explique
La vie d'une femme, c'est bien logique
Nous ne vieillirons pas ensemble
Ne m'en veux pas, moi-même j'en tremble
J'aurai plus jamais de menstrues,
Mes ragnagnas, je les reverrai plus. »

Et pas une ride, 2010.

« Vous savez ce que c'est qu'une baignoire à porte ?
Alors voilà, c'est une espèce de grande baignoire, assez haute,
avec une porte sur le côté. Normalement, quand on prend un bain,
on fait couler l'eau et on rentre dedans quand c'est plein.
Ici, non. Tu rentres dedans d'abord, tu t'assois sur le petit banc,
parce que si tu t'assois au fond, tu sais que tu ne pourras pas te relever,
tu fermes la porte et tu commences à faire couler l'eau.
Le problème, c'est que ça prend du temps à couler un bain ! »

Et pas une ride, 2010.

LES BODIN'S

(Vincent Dubois, né en 1964, et Jean-Christian Fraiscinet, né en 1965)

Dans la lignée des Vamps, qui n'ont pas acquis leur popularité, les Bodin's incarnent un humour de terroir bien français. Vincent Dubois et Jean-Christian Fraiscinet créent en 1993 ce duo burlesque en incarnant une fermière dominatrice et son fils benêt de 50 ans. S'ils jouent au départ leurs spectacles dans les salles des fêtes ou en plein air, ils ont entamé une gigantesque tournée des Zénith. Le duo se produit aussi dans plusieurs films, dont le dernier, sorti en 2021, raconte ses aventures en Thaïlande.

« Il est fainéant comme un Caddie, faut l'pousser pour qu'il avance, lui. Comme il est parti là, il va être à la retraite avant d'avoir commencé à travailler ! »

***Les Bodin's Mère & Fils*, 2003.**

« Comment je vais t'expliquer ça, moi, Face de Bouc…
Tu te rappelles du grand banquet qu'on organise tous les ans sur la place de l'église pour la fête de la Saint-Jean ?
Tout le monde est là réuni, ça discute, ça rigole, ça boit des canons au son de l'accordéon. Et bah, Face de Book c'est exactement pareil. C'est une réunion d'amis, sauf qu'il y a pas d'entrecôte, pas d'accordéon, rien à boire et tu connais aucun de tes amis ! »

***Les Bodin's : Retour au pays*, 2011.**

« Quand j'étais jeune, on m'appelait Jeanne d'Arc, parc'que j'étais encore pucelle, mais j'avais déjà l'feu au cul ! »

***Les Bodin's : Grandeur Nature Indoor*, 2015.**

« Le jour où les cons auront du flair, tu vas trouver des truffes ! »

***Les Bodin's : Grandeur Nature Indoor*, 2015.**

« Michel Drucker, ça fait tellement longtemps qu'on le voit, qu'à force on sait plus trop si c'est un jeune qui fait vieux ou un vieux qui fait jeune ! »

***Vivement dimanche*, 2016.**

« 8 000 euros l'cercueil,
ça fait cher
l'entrée en boîte...
et même pas
une conso gratuite ! »

« Les pompes funèbres », 2016.

« La connerie,
c'est comme quand
t'as de la salade
dans les dents :
tant qu'tu fermes ta gueule,
ça se voit pas ! »

« Toujours en campagne »,
***Les Bodin's : Grandeur Nature*, 2017.**

« J'suis pas encore mourante, mais j'suis quand même plus près de mon dernier souffle que de ma première levrette ! »

« Les pompes funèbres », 2016.

« Le jour où les cons feront des étincelles, t'as intérêt à fermer l'gaz ! »

« Ça continue de plus belle »,
***Les Bodin's : Grandeur Nature*, 2019.**

« Vaut mieux vivre dans le trou du cul du monde que dans un monde de trous du cul… »

« Ça continue de plus belle »,
***Les Bodin's : Grandeur Nature*, 2019.**

BOODER

(né en 1978)

Tête singulière, esprit vif et voix de cartoon, Booder joue sur le contraste entre un humour bon enfant et le parler de la rue, toujours avec bonne humeur. Pendant le confinement, il a cartonné sur les réseaux avec ses vidéos de papa dépassé par les événements.

« Je ne savais pas qu'en choisissant ce thème de la bogossité, j'allais devenir le représentant des moches de France. Je te jure, des moches, il en venait des cars entiers pour venir voir mon spectacle.
Je crois qu'ils venaient directement de Mochie, un pays où il n'y a que des têtes de fou !
Tu sais que ça fait peur, quand le rideau s'ouvre, 800 personnes : "Booder, Booder !" »

***Mon fils*, Marrakech du rire, 2019.**

« Quand je suis né, j'étais très petit. Plus petit que les nains, encore ! Tu vois le dernier Nokia : la même. J'avais ma tête et tout de suite il y avait mes jambes. Non, je n'avais pas d'épaules, pas de cou, rien. Quand je marchais dans le quartier, les gens ils disaient : "Nous, les mini-pouces..." Pendant longtemps on m'a appelé Demi-tarif, Mini-keum. J'étais tellement petit que sur la photo d'identité, on voyait mes pieds. En plus, à l'époque on me disait : "Booder, si tu veux grandir, t'as qu'à boire de la soupe." De la soupe j'en ai bu en canettes, moi, de la soupe. J'ai même fait des Mister Freeze à la soupe, alors... »

***Mon fils*, Marrakech du rire, 2019.**

« Je me suis tellement assis sur ce banc que c'est devenu mon meilleur ami. D'ailleurs, c'est devenu le meilleur ami de plein de mecs dans les quartiers. Mais ça, c'est de la faute des architectes, ils ont mis des bancs partout. On dirait qu'ils savaient qu'on allait être au chômage. »

***Booder*, théâtre du Gymnase, 2007.**

« Les meilleurs moments de ma vie, je les ai passés en BEP. Parce qu'il y avait des mecs dans ma classe, d'une autre galaxie. Il y avait un mec dans ma classe, il a arrêté l'école parce qu'il n'avait plus d'encre dans son stylo. »

***Booder*, théâtre du Gymnase, 2007.**

« Vendredi dernier, je vais à la mosquée, je croise un mec qui me dit :

— Eh ! Booder, tu vas prier ?

Je lui dis :

— Ouais.

Il me dit :

— Eh ! franchement, avec ta gueule, t'es pas rancunier, hein. »

***Mon fils*, Marrakech du rire, 2019.**

« C'est la première fois de
ma vie que je joue à Montreux.
Ils m'ont demandé
un pass sanitaire.
Qu'est-ce que tu veux
qu'il m'arrive de plus, à moi ? »

Montreux Comedy Festival, 2021.

« Moi, je ne suis pas dans le cliché du père arabe qui tape ses enfants. Mon père ne m'a jamais tapé. Nous, c'était comme dans *La Petite Maison dans la prairie*, pareil. Quand il n'y avait rien à manger, il jouait du violon, pareil. Une fois, j'ai fait une grosse bêtise, il a voulu me taper, il a dit :
— Où tu veux que je te tape ? T'es déjà cabossé. Où ? »

***Mon fils*, Marrakech du rire, 2019.**

« Je suis un vrai papa, j'étais là à la naissance, c'est moi qui lui ai coupé le kit mains libres ! »

***Booder is Back*, 2020.**

« Ah, mon fils, tu fais de la géographie ?
— Je fais les capitales, Papa.
— France ?
— Paris !
— Espagne ?
— Real Madrid, facile ! »

***Un père, un fils… géographie*, YouTube, 2021.**

« Les enfants, ils jouent avec mon visage.
Ils croient que je suis en pâte à modeler ou quoi ? »

Montreux Comedy Festival, 2021.

REDOUANE BOUGHERABA

(né en 1978)

Stand-upeur marseillais au talent d'improvisateur unique, il excelle chaque soir en invectivant le public, en particulier les spectateurs du premier rang qui viennent pour en faire les frais. Mais ça ne dérape jamais car, comme il aime le rappeler : « Je suis un professionnel. »

« On a le métro à Marseille. Deux lignes de métro : la ligne 1, la ligne 2. C'est le seul métro au monde qui se croise deux fois, je vous jure. Tu peux faire un double changement sur la même ligne. Ça veut dire que même si tu te trompes de ligne, tu arrives à destination. La dernière fois, je croise un mec qui me dit :

— On prend quelle ligne pour aller au stade Vélodrome ?

Je lui dis :

— Tu prends soit la ligne une, soit la ligne deux.

Il me dit :

— Dans quel sens ?

Je fais :

— C'est comme tu veux, frérot. »

« Le métro marseillais », Montreux Comedy Festival, 2019.

« Je me suis mis de l'huile de monoï sur le corps, je voulais que ça glisse. Ce n'est pas vrai, je n'ai pas mis de l'huile de monoï, je suis Algérien. J'ai mis de l'huile d'olive, on ne va pas s'inventer des vies. J'ai mis Zit Zitoun, je ne vais pas mentir. C'est par rapport à l'enfance, quand tu es petit, t'as mal à tête, "Maman, j'ai mal à la tête", une cuillère d'huile d'olive ! Tu as mal au genou : massage à l'huile d'olive. La porte, elle grince : huile d'olive. Ton grand-père, il grince : deux gouttes d'huile d'olive, il part en moonwalk. »

« L'huile d'olive », *On m'appelle Marseille*, 2022.

« Quand on était petits, c'est vrai, nos parents
ils nous frappaient, mais bien. Moi, mon père, technicien
de la frappe. Un papa normal, il te met une gifle,
un coup de claquette. Moi, mon père : coup de tête,
balayette, coup de coude, clé de bras, tu tapes,
il continue, c'est un gamin.
Technicien de la frappe, mon père, il nous frappait avec
un câble électrique. [...] Y a pas longtemps on lui a demandé :
— Pourquoi tu nous frappais avec un câble électrique
quand on était petits ?
— C'est pour que le courant il passe entre nous. »

« Le câble électrique », *On m'appelle Marseille*, 2022.

« Dans un mariage traditionnel français,
200 personnes sont invitées,
200 personnes sont présentes.
Dans un mariage arabe, 200 personnes
invitées, 2 488 sont présentes. »

« Le mariage », *On m'appelle Marseille*, 2022.

« Ma mère, on la surnommait "le Parrain" parce qu'elle faisait des propositions que tu ne pouvais pas refuser.
Elle débarque chez moi, elle me regarde et me dit :
— Mon fils, tu te maries !
Moi, je n'étais pas très chaud, j'ai dit :
— Non.
Elle me montre son taser, je lui dis :
— Oui. Avec qui ?
— Tu te maries soit avec une Arabe, soit avec une Chinoise…
Une Arabe, c'est normal, on se marie entre nous mais ce n'est pas du racisme, non. Tu te maries avec ta cousine car si tu divorces, l'héritage il reste dans la famille.
On est radins. Les Algériens se marient entre Algériens, les Marocains entre Marocains et les Tunisiens entre hommes. Et je lui dis :
— Mais pourquoi une Chinoise ?
— Une Chinoise, parce que si elle veut un sac à 4 000 €, qu'elle se le fabrique elle-même ! »

« La future femme », *On m'appelle Marseille*, 2022.

MICHEL BOUJENAH

(né en 1952)

Né à Tunis, il puise son inspiration dans la communauté juive séfarade dont il raconte l'épopée à travers trois personnages, *Les Magnifiques*. Il crée sa compagnie en 1972 pour pouvoir jouer ses pièces de théâtre. Son premier one man show, en 1980 au Lucernaire, connaît le succès en quelques semaines. Depuis, il a fait une grande carrière au théâtre et au cinéma pour toucher un public plus large.

« J'ai besoin que tout soit bien rangé. J'ai besoin que chaque chose soit à sa place, c'est important. Vous savez ce que c'est, mon endroit préféré ?
Mon endroit préféré c'est Ikea. Vous savez pourquoi j'aime Ikea ? À cause des flèches par terre. Parce que je sais que je ne peux pas me perdre, je le sais !
Par exemple, je veux acheter des fourchettes, je sais que je vais passer devant les armoires, les chambres à coucher, les bureaux et un jour je vais trouver les fourchettes ! »

***Enfin libre*, théâtre du Gymnase, 2011.**

« Dans la vie, on a un clou, un seul, et même s'il ne te plaît pas, même s'il est nord-africain, il faut essayer de l'enfoncer, toujours le même. Et toi, qu'est-ce que tu fais, mon fils ? Tu vas enfoncer le clou des autres... Alors tu peux me dire quand ta maison elle va se construire ? »

« T'es embêté mon fils », *Les Magnifiques*,
Splendid Saint-Martin, 1984.

« Tu crois qu'il suffit de prendre le nom des Français
pour que le sang qui coule dans tes veines,
c'est le sang de la France ?
Mon fils, tu n'as que l'enveloppe, tu n'auras jamais
la lettre qui est à l'intérieur.
À la limite, tu es timbré, c'est tout ! »

« T'es embêté mon fils », *Les Magnifiques*,
Splendid Saint-Martin, 1984.

« La dernière fois, je suis allé chez elle, j'ai monté les escaliers, et dans ma tête je me disais bon, tu montes, tu arrives à la porte, tu frappes, elle t'ouvre, et tu lui fais : "Je t'aime, je t'aime, je veux vivre avec toi, je t'aime, je veux avoir des enfants avec toi, je veux vieillir dans tes bras, je veux mourir dans tes bras, je t'aime, je ne veux pas seulement être l'ombre de ta main et l'ombre de ton chien, je veux être l'ombre de ton canapé et de ton frigidaire, je t'aime." Eh bien, vous savez ce qu'il s'est passé ? Je suis arrivé chez elle, j'ai monté les escaliers, j'ai frappé à la porte, elle a ouvert, j'ai fait : "Bonjour ! Ça va toi ?" »

Guy Bedos, Smaïn & Michel Boujenah,
***Coup de soleil à l'Olympia*, 1991.**

« J'adore le mélange,
j'aime tellement le mélange
que j'aimerais qu'on
se mélange tous ensemble.
Oui, on fait une ratatouille ! »

***Enfin libre*, théâtre du Gymnase, 2011.**

« Chez nous, on a un gros problème avec les mères. Le type qui survit à une mère juive, il est très fort. Ça veut dire que les mères, chez nous, sont tellement présentes que si par exemple la femme d'un type comme nous, le soir quand il rentre, met un déshabillé noir, avec des bas noirs et des porte-jarretelles noirs, sur des draps de satin noir, le juif tunisien la regarde et il fait : "Pourquoi noir, il est arrivé quelque chose à ma mère ?" »

***Les Nouveaux Magnifiques*,**
théâtre du Gymnase, 2005.

« — Pépé, dis-moi, c'est vrai qu'on devient un homme le jour où on est le père de son propre père ?

— C'est ça la question ? Écoute, la réponse, elle est très facile, alors on va la mettre de côté et tu vas m'en poser une plus dure.

— Oui pépé, dis-moi pépé, j'aimerais savoir, d'après toi, d'où vient le vent ?

— Elles sont toutes comme ça les questions ?
Regarde ce qu'on va faire : tu me poses toutes les questions d'un bloc, et moi à la fin je te fais une réponse en gros, d'accord ? »

***Adieu les Magnifiques*, 2021.**

ÉLISABETH BUFFET

(née en 1965)

Culottée et rigolote, très populaire, elle affronte l'âge canonique avec sérénité et s'accepte telle qu'elle est, sans craindre de choquer avec des propos crus. Ses spectacles mettent en scène des personnages truculents qu'elle incarne avec énergie.

« Moins on plaît, moins on fait d'effort pour plaire.
Écoutez, il arrive un âge où on arrête les frais.
Parce qu'on a l'impression de poser des guirlandes
pour une fête à laquelle personne ne viendra.
Bah oui madame, vous avez vu, vous aussi c'est pareil !
Donc maintenant j'achète mes culottes chez Carrefour,
je mets des mi-bas et puis je fais des petits prouts
en marchant. »

***Obsolescence programmée*, 2019.**

« Me baigner dans la mer, le soir,
discrètement à poil, ça je l'avais déjà fait.
Mais aller faire mon loto cul nu,
ça c'était une grande première.
Oui parce qu'il y a tout un village autour,
un peu comme à Disneyland,
avec des commerces, un restaurant,
une poste, un golf 18 trous, enfin,
quand il n'y a pas de clients. »

« Le Cap d'Agde », *Foresti & Friends*, 2008.

« À votre avis, est-ce que c'est Dieu qui a inventé… l'orgasme féminin ? Oui, ben en tout cas, a priori, c'est pas l'homme. Ça se saurait. »

« Adam et Ève », Festival Juste pour rire Nantes, 2009.

« Dieu dit à la femme : "Tu enfanteras dans la douleur".
Et au kiwi : "Tu auras des poils et tu ressembleras à une couille !"
Dites, eh oh, on a encore eu de la chance, ça aurait pu être l'inverse. »

« Adam et Ève », Festival Juste pour rire Nantes, 2009.

« Dites-moi, Paul,
en tant que pompier,
vous préférez éteindre un foyer
ou fonder un foyer ?
Les deux ?
Alors embrassez-moi ! »

« Le pompier », *Nouveau spectacle à l'Alhambra*, 2014.

« Je frise la cinquantaine. Ha si ! Enfin, je frise… Je défrise plutôt. Tous les ans, y a des nouveaux trucs qui merdent. Je deviens presbyte… des yeux, je précise. »

***Nouveau spectacle à l'Alhambra*, 2014.**

« J'ai les poils du pif qui poussent. Je commence à me les épiler. Je vais finir avec de la moustache, moi. Comme ma mère ! Ma mère, maintenant c'est Georges Brassens… avec un chignon. »

***Nouveau spectacle à l'Alhambra*, 2014.**

« Je pourrais mijoter dans un jacuzzi avec Harvey Weinstein qu'on ferait une crapette comme des copines dans un EHPAD. »

***Obsolescence programmée*, Théâtre du Marais, 2019.**

COLUCHE

(né en 1944, mort en 1986)

Le patron de l'humour français. Il a commencé au Café de la Gare dès 1969 avec Romain Bouteille, Patrick Dewaere, Miou-Miou. Il faisait déjà du stand-up avant l'époque du one man show, avec une adresse directe au public et une gouaille que beaucoup ont imitée.

« Il faut cueillir les cerises avec la queue.
J'avais déjà du mal avec la main ! »

« Le Belge », 1978.

« Alors l'autre jour, j'ai un client qui vient et qui gueule :
"Oui, tu m'as refilé la vérole."
Alors je lui dis : "Eh oh, j'te l'ai pas refilée, hein.
Tu l'as achetée 100 francs, la vérole !" »

« La pute », 1986.

« Mesdames, un conseil.
Si vous cherchez un homme beau, riche et intelligent… Prenez-en trois ! »

***Coluche 1 faux*, 1985.**

« Je peux pas dire que j'ai déjà assisté à une course de spermes, mais j'ai souvent donné le départ. »

« La pute », 1986.

« Alors l'autre jour, une copine qui part en avance, le patron lui dit :
— Dis donc, vous partez en avance et vous êtes arrivée en retard aujourd'hui déjà !
Ben, elle dit :
— Justement, je voudrais pas être en retard deux fois dans la même journée ! »

« L'administration », 1986.

« À la Sécurité sociale,
tout est assuré, sauf la pendule.
Ben on ne risque pas
de la voler, le personnel
a les yeux constamment
fixés dessus. »

« L'administration », 1986.

« Chez ma grand-mère,
tout le monde faisait la prière
avant de manger.
Faut dire que la bouffe
était dégueulasse. »

« Médecins sans diplômes », 1986.

« Je suis allé voir un psychiatre,
je suis guéri : maintenant, je pisse au lit...
mais je suis fier ! N'empêche que
ce mec-là, pour 15 000 francs,
y m'a débarrassé de ce que j'avais...
j'avais 15 000 francs. »

« Médecins sans diplômes », 1986.

« Tout le monde gueule : "Ouais, y a déjà
3 millions de personnes qui réclament du travail."
C'est pas vrai ! De l'argent leur suffirait ! »

« Le chômeur », 1986.

« Il faut se méfier des comiques parce que quelquefois ils disent
des choses pour plaisanter. »

Coluche. Les Inoubliables.
***Tous ses sketches, toutes ses chansons,* Fixot, 1992.**

JAMEL DEBBOUZE

(né en 1975)

Humoriste, acteur et producteur, icône de l'humour français. Il a commencé par faire de l'impro à Trappes dans la troupe d'Alain Degois qui a mis en scène son premier spectacle en 1995. Dix ans plus tard, il a pris la vague stand-up et l'a installée en France avec Kader Aoun en montant le Jamel Comedy Club.

« — Mais pourquoi tu cours ?
— Ben parce que tu cours !
— Mais moi, je cours parce que tu cours !
— On a qu'à arrêter de courir alors...
— Moi, j'ai pas confiance. »

***100 % Debbouze*, 2004.**

« Les mecs du quartier, quand ils voyaient les mecs de la BAC (Brigade anticriminalité), ils leur disaient : "Hé, les mecs de la BAC, quand est-ce que vous passez le bac ?" »

***100 % Debbouze*, 2004.**

« Moi, j'ai raté mon bac
du premier coup
avec mention "Laissez-nous
tranquilles, svp !" »

***100 % Debbouze*, 2004.**

« L'arrivée de notre enfant,
ça, c'est sûr, j'étais pas prêt.
Je l'ai dit à ma femme :
"Ça, c'est sûr, je ne suis pas prêt."
Parce qu'un enfant qui a un enfant,
ça s'annule.
Moi, tu me le laisses,
je vais le perdre à Auchan. »

***Maintenant ou Jamel*, 2018.**

« L'ascenseur social, il est bloqué au sous-sol, et il pue la pisse. »

***100 % Debbouze*, 2004.**

« Mon oncle au bled, quand il dit : "Je s'occupe de tout, tu s'occupes de rien", vous pouvez être sûrs qu'il va s'occuper de rien. »

***100 % Debbouze*, 2004.**

« Je suis venu en vacances, je ne suis pas venu pour qu'on me coupe le zgueg. Je ne sais pas si vous êtes au courant mais, en France, il y a des émissions de télévision, on fait des débats où on se demande si on met des fessées aux enfants. Et vous, ici à Taza, vous me coupez le zgueg, normal ! C'est quoi ce pays ? »

« La circoncision », Marrakech du rire, 2011.

« Ce qui rend fou, c'est quand tu vois ta djellaba blanche se transformer en drapeau du Japon. »

« La circoncision », Marrakech du Rire, 2011.

« [Jamel fait monter sur scène un enfant.]
— Comment tu t'appelles ?
— Eudes...
— Eudes ? Euh, il manque un truc, nan ? Ta mère, c'est oitre*, et ton père, c'est quatre ? »

* trois en verlan

« Jamel et Eudes », *Tout sur Jamel*, 2011.

« Quand j'ai appris à ma mère que j'allais appeler mon fils Léon, elle m'a dit : "Vous allez l'appeler Léon tous les jours ? Il va tomber malade le miskin, c'est sûr !" Et mon père il m'a dit : "Léon c'est très très beau, c'est magnifique ! Moi je l'appellerai Ali, j'en ai rien à foutre de vos conneries !" »

***Tout sur Jamel*, 2011.**

« Je ne fais pas une psychanalyse, je suis mon propre psy, je fais mon autopsy. »

***Maintenant ou Jamel*, 2018.**

VINCENT DEDIENNE

(né en 1987)

Influencé par Muriel Robin, Marguerite Duras, Jean-Luc Lagarce ou Hervé Guibert, ce comédien et ex-chroniqueur dans l'émission *Quotidien* mêle références pointues et pop culture dans des seuls en scène à l'écriture fine et acérée qui lui ont valu deux Molières de l'humour. En parallèle, il continue sa carrière au cinéma et sur scène, pour laquelle il a reçu un troisième Molière comme meilleur comédien en 2024.

« Les acteurs, on vit avec la peur constante du trou. On est un peu comme des randonneurs acrophobes qui marchent sans filet sur les crêtes saillantes de la mémoire, le vertige au ventre. Ça, c'est l'extrait d'une interview que j'ai donnée à *Baudrier Magazine*. Mais comme c'est très peu lu bizarrement, je le recase dès que je peux. »

***Un soir de gala*, 2021.**

« L'expression "C'est celui qui dit qui y est" est en voie d'extinction et c'est bien dommage. Parce qu'elle est encore très vraie : c'est toujours celui qui dit qui y est. Même quand il dit "C'est celui qui dit qui y est". Si quelqu'un te dit "C'est celui qui dit qui y est", tu peux lui répondre "C'est celui qui dit qui y est". Parce que si tu réfléchis bien, c'est vrai. C'est celui qui dit "C'est celui qui dit qui y est" qui y est. C'est celui qui dit "C'est celui qui dit qui y est" qui dit "C'est celui qui dit qui y est". Ben si. Si tu réfléchis bien. Après, il faut avoir envie de réfléchir. »

***Un soir de gala*, 2021.**

« Quand on voit la montée des populismes un peu partout, comment chacun se recroqueville, et le sort qu'on réserve aux Tchétchènes en Afghanistan, avec la fonte des glaces et le massacre des Ouigo… je crois qu'on peut pas tout mélanger ! »

***Un soir de gala*, 2021.**

« On voudrait parfois nous faire croire que la nostalgie serait forcément réactionnaire. Mais c'est pas vrai. Moi, si on me dit : "Mais tu préfères pas vivre aujourd'hui qu'à la préhistoire ?", je réponds : "Évidemment." Évidemment que je préfère être confortablement assis à un bar à sushis qu'en train de me faire sodomiser par un reptile en ramassant des baies. »

***Un soir de gala*, 2021.**

« Je ne sais pas comment on peut faire pour se réconcilier avec l'idée que tout va se terminer un jour. Ce qui console un peu, je trouve, c'est d'anticiper son épitaphe. Parce qu'avec la douleur, les proches improvisent n'importe quoi, c'est souvent raté. Un jour dans un cimetière j'ai vu écrit "Tendresse". Ça, c'est non. Par pitié, pas "Tendresse" ! C'est ma pierre tombale, c'est pas un autographe de Marie-Paule Belle. Moi ce sera "Vincent Dedienne (1987-2000 quelque chose) : Voyage crevant"... »

***Un soir de gala*, 2021.**

« Il est où mon questionnaire ?
Je l'ai mis à Q comme Questionnaire ?
Ou à I comme "Il est où mon questionnaire" ?
Bon, je le trouve pas, je vais en réimprimer un...
[Vincent Dedienne cherche sur son ordi]
Alors je l'ai mis où mon questionnaire ?
Je l'ai mis dans le dossier Q comme Questionnaire
ou dans le dossier D comme Dossier Q
comme Questionnaire... ? »

***Un soir de gala*, 2021.**

« J'ai toujours été mal à l'aise avec les enfants, même quand j'étais enfant. En fait, quand les enfants se comportent comme des enfants, ça me crispe, je les trouve cons. Et quand ils se comportent comme des adultes, ça m'agace, je les trouve pédants. J'aime bien les enfants... qui ne se comportent pas. Qui attendent bien sagement dans une housse d'avoir l'âge de servir à quelque chose.
Cela dit, j'exagère, parce qu'une fois j'ai eu envie d'avoir un enfant ! Un garçon. Je voulais l'appeler Marin. Et c'est vrai que ça m'a pris aux tripes, c'était une envie viscérale, c'était très soudain et très fort. Et en fait c'était une gastrite. »

***Un soir de gala*, 2021.**

ARNAUD DUCRET

(né en 1978)

Après avoir commencé dans le *Morning Live* sur M6 au début des années 2000, il présente son premier one man show en 2009 et remplace Yvan Le Bolloc'h dans *Caméra Café* en 2010. Beau gosse et bonne pâte, il a fait son chemin pour devenir un humoriste aujourd'hui très populaire, avec une carrière d'acteur de cinéma. Son style se caractérise par un parler vif et imagé, une gouaille et des répliques qui fusent.

« Non, les enfants, ne levez pas la jambe aussi haut que moi, d'accord ? Moi je peux le faire parce que je suis quelqu'un d'hyper-souple, d'accord ? Depuis que je suis tout petit, on me l'a toujours dit : "T'es quelqu'un d'hyper-laxatif." »

« Le prof de karaté »,
***Pareil... mais en mieux*, 2009.**

« Rouen, c'est la ville aux cent clochers. Il y a des trucs super à voir sur Rouen. À Rouen on a… euh… Il y a un Bata. Ah oui, si… Rouen, c'est la ville de Jeanne d'Arc, la pucelle. D'ailleurs à Rouen, les filles n'ont pas toutes suivi le conseil. Bah, dès que tu vois une poussette à Rouen, la gamine de douze ans derrière, c'est pas la grande sœur, c'est la mère ! D'ailleurs, je vous dis une bêtise : Rouen n'est pas la ville de Jeanne d'Arc. C'est Orléans, la ville de Jeanne d'Arc. Rouen, si vous voulez, c'est la ville où ils ont organisé le pot de départ. »

***Pareil… mais en mieux*, 2009.**

« L'accent de Rouen, c'est un peu entre l'accent du Nord et la mobylette. »

***Pareil… mais en mieux*, 2009.**

« La mode des tatouages, sans déconner, les filles…
À quel moment tu te fais tatouer un papillon juste au-dessus du fion ?
S'il y a bien un endroit où il ne va pas voler, c'est là ! »

***Arnaud Ducret vous fait plaisir*, 2014.**

« Le premier jour où j'arrive dans le collège catho, je rentre dans la chapelle, et là je vois un mec, genre la trentaine, le mec bien bâti style Marilyn Manson, le gars percé, en couche-culotte, accroché à des tasseaux avec une couronne de galette des rois sur la gueule !

— Excusez-moi, ma sœur, qu'est-ce que c'est ? C'est un élève qui a fait une connerie, non ? Vous pourriez peut-être le descendre...

— Non, Arnaud, c'est Jésus, il sera tout au long de ta vie à tes côtés. »

***Pareil... mais en mieux*, 2009.**

« Excuse-moi de te déranger, t'es le nouveau serveur, c'est ça ? OK, comment tu t'appelles ? Xavier ? Salut Xav', moi c'est Arnaud, je suis un habitué. Ah, t'es le patron ? T'es le patron de la boîte ? Ah d'accord, OK. Mais t'as quel âge ? 48 ans ? C'est incroyable, t'en fais 20, je te jure. Eh comme quoi, les boîtes, ça conserve ! »

***Je m'rends*, 2012.**

« Je l'ai lu dans *Elle magazine* : 80 % des femmes s'immolent au lit. Hein ? Simulent, pardon, simulent, simulent ! C'est vrai que s'immolent/simulent, c'est pas la même chose. Quoique t'as le feu au cul, mais pas pour les mêmes raisons ! »

***Arnaud Ducret vous fait plaisir*, 2014.**

« Je suis comme vous, les filles. Une fois, j'ai fait de la french manucure. Ça ne me va pas du tout ! On dirait Wolverine mais gay : "Wouhou, Magneto, si tu t'approches, je te griffe !" Et puis j'ai fait le maillot aussi. Je m'en fous, j'assume. J'ai même pas fait le maillot, j'ai fait l'intégrale : j'ai fait le lino, le puy du fou, j'ai tout fait ! »

***Arnaud Ducret vous fait plaisir*, 2014.**

FABRICE ÉBOUÉ

(né en 1977)

Révélé par le Jamel Comedy Club après avoir commencé seul sur scène, c'est un humoriste à l'esprit acide, ironique, qui dévoile les travers contemporains sans peur de défier le politiquement correct. Il a en outre réalisé quatre films, notamment *Case Départ* avec son collègue Thomas Ngijol.

« Nous, à ton âge, quand on voulait se masturber, il fallait attendre le premier samedi du mois, minuit, le film de Canal+, que toute la maison soit endormie. On sortait de la chambre, parfois il y a mon grand-frère qui partait en éclaireur, on se faufilait sous les meubles, on avançait la peur au ventre comme des soldats, le paquet de kleenex entre les dents. C'était une branlette méritoire ! »

« Clash des générations », Montreux, 2015.

« Il y a eu un reportage sur Arte la semaine dernière sur le réchauffement climatique. Un mec qui, pour fuir la misère au Niger, partait vivre en Inde. Donc là ça me fait penser à ces retraités en banlieue qui n'en peuvent plus des Arabes, ils partent s'installer à Marrakech. On peut leur dire que c'est les mêmes ? C'est pas parce qu'à Marrakech ils mettent de petits bonnets rouges à pompon et qu'ils t'éclaboussent la gueule en te servant du thé toute la journée que ça change quelque chose ! »

***Plus rien à perdre*, 2017.**

« Je prends un jus de carottes, je vais m'asseoir
sur un canapé en cuir. Là, il y a une végane qui me fait :
— Ça va, je te dérange pas ?
Je dis :
— Quoi ?
— Ça te dérange pas d'être assis sur une vache morte ?
Je dis :
— Tu sais, moi, tant que je suis pas assis sur la corne... »

« Le barbecue vegan », *Plus rien à perdre*, 2017.

« Je commence à converser avec une jeune fille très sympa. Et au fur et à mesure de la conversation, je m'aperçois qu'elle a tout juste 18 ans, qu'elle est née en 2001. Parce que ça y est, depuis 2018, les gens nés en 2000 ont le droit d'aller en boîte de nuit. Et jamais dans ma vie, je n'aurais pu penser me retrouver en boîte avec des gens nés dans un autre siècle que le mien. C'est un peu comme si moi, à la fin des années 1990, je suis en boîte avec mes potes et je dis : "Tiens, c'est pas Victor Hugo là-bas ?" »

***Plus rien à perdre*, 2017.**

FARY

(né en 1991)

À l'aise pour balancer d'une voix douce et précieuse des vérités, parfois dérangeantes, sur la société française, Fary est un artiste aux nombreuses facettes. Il a également créé un comedy club à Paris, baptisé « Madame Sarfati », en hommage à Élie Kakou. Présent, en parallèle, sur le petit et le grand écran (*En place*, *Tout simplement noir*...), Fary est partout où l'on ne l'attend pas : à Roland Garros, sur Netflix, en tournée internationale et même sur la chaîne YouTube mondiale ColorsxStudios.

« Franchement, entre nous, c'est pas abusé comment je suis stylé ? Et je ne fais même pas exprès, c'est un handicap au jour le jour. Des fois, je mets plus de temps à me préparer que le temps que je vais passer dehors, ça n'a aucun sens ! »

***Fary Is the New Black*, 2016.**

« À Paris, il y a des physios, tu sais, les mecs à l'entrée, c'est les enfants de Satan. Je ne pense pas qu'après ils rentrent chez eux, je pense qu'ils prennent un Uber qui les amène directement en enfer. Quand j'en vois un, à chaque fois qu'il me regarde, j'ai l'impression qu'il connaît un truc de mon passé, et qu'il m'en veut pour ça. Je viens à peine de le rencontrer, il a déjà du mépris pour moi. Il se la raconte. Mais pourquoi il se la raconte ? Il est physio, son travail c'est de dire oui et non, il a les mêmes compétences qu'un feu rouge. »

***Fary Is the New Black*, 2016.**

« C'est Napoléon Bonaparte, héros français, qui a rétabli l'esclavage. Caillera le mec, ça ne peut être qu'un truc de caillera. Déjà, lui, il arrive, il se proclame empereur. Le mec, c'est le Booba de l'époque. »

***Fary Is the New Black*, 2016.**

« Une fois, une seule fois, je me suis fait draguer par un gay. Et ça s'est très bien passé. Même, c'était intéressant, sociologiquement intéressant. J'essayais de trouver un juste milieu, d'être sympa avec lui pour pas qu'il me prenne pour un homophobe, parce que ce n'est pas le cas, mais pas trop sympa pour pas qu'il me prenne... »

***Fary Is the New Black*, 2016.**

« Il n'y a que nous, Français,
pour être à New York,
en plein Times Square,
dans une boutique,
et dire : "Ah donc, personne
ne parle français !" »

***Hexagone 1*, 2018.**

« Les Québecois, au lieu de dire : "Est-ce que tu veux aller au spectacle ce soir ?" qui est une phrase plutôt française et simple, eux diront : "Tu veux-tu aller au spectacle ce soir ?" Tu - veux - tu... Donc pour eux le français c'est le Subway. Tac tac, remets des concombres, est-ce que je me remettrais pas un pronom ? »

« Les Québecois », *Hexagone 1*, 2018.

« T'es prof. Ton travail, c'est de m'apprendre. Tu dois m'apprendre. Si, à la fin de la journée, tu n'as pas fini de m'apprendre ce que tu devais m'apprendre, toi, va réviser ! »

« Le prof », *Hexagone 1*, 2018.

« Les filtres photo, stop. Je ne parle pas des filtres chien, des filtres lapin. Je parle des filtres qui gomment la vérité. Oui, tu sais très bien de quoi je parle parce que tu sais très bien ce que tu fais quand tu es en train de le faire. Il y avait le maquillage, ensuite il y a eu le contouring, maintenant il y a les filtres photo. Vous allez mettre combien de mensonges entre nous ? Moi, c'est simple maintenant, les gens sur Instagram que je connais qui font ça, je signale. Et quand Instagram me demande pourquoi... Usurpation d'identité. »

« Instagram », *Hexagone 2*, 2018.

« Toutes les femmes draguent. On ne le sait pas, on ne le voit pas. Tu sais pourquoi on ne le voit pas ? Tu sais comment elles draguent ? Elles attendent. »

***Aime-moi si tu peux*, 2023.**

MOHAMED FELLAG

(né en 1950)

Humoriste très spirituel, Fellag est un adepte du jeu de langage. Sa langue ciselée, claire et littéraire, nourrie d'observations précises, dépeint son enfance, l'Algérie et la France. Critiquant sans pincettes un régime autocratique, il souligne l'absurdité de certaines situations et le quotidien de ses compatriotes algériens.

« Dans le village où je suis né, au début des années cinquante, au fin fond de la campagne algérienne, il y avait deux ruelles, une mosquée, trois oliviers, une brouette, dix fous, trois chèvres, cinq milliards de mouches, vingt-sept poules, un coq. C'était d'ailleurs le seul dans le village qui ne chômait pas. »

***Un bateau pour l'Australie*, 1991.**

« L'indépendance était venue… ou bien elle était partie ? Je ne m'en souviens plus. Elle est passée très vite, on n'a rien vu. Elle ne nous a laissé que son odeur. »

***Un bateau pour l'Australie*, 1991.**

« Jésus, il vient de chez nous, c'est un homme du Sud. Un immigré comme nous. Sauf que lui, il a une carte de séjour de 2 000 ans. Avec possibilité de renouvellement éternel. Et nous, pour gratter un an, il faut que tu laisses ta mère en otage à la préfecture. »

***Un bateau pour l'Australie*, 1991.**

« Un gars a libéré un djinn enfermé dans une bouteille. Reconnaissant, le génie dit :
— Demande-moi ce que tu veux, et ton vœu sera exaucé immédiatement !
Le gars lui fait :
— Oh, Monsieur le génie, je voudrais un appartement, je voudrais un F4.
L'autre, il le regarde et lui fait :
— Un F4, hein ? Moi je suis un génie et j'habite dans une bouteille... Et voilà, tu avais une chance, tu l'as merdée ! »

***Un bateau pour l'Australie*, 1991.**

« Djamila était belle. Elle était magnifique. Elle avait un corps diplomatique. »

***Un bateau pour l'Australie*, 1991.**

« Depuis la nuit des temps, parce que nous sommes un peuple trop nerveux, on n'arrive à rien faire sur la longueur. Soit on se contente de rien, ou on veut tout, tout de suite. Chez nous, lorsqu'un type plante un clou, quand il arrive au milieu : "Nardin, je m'ennuie !" »

***Djurdjurassique Bled*, 1997.**

« Après, on a dansé tous les deux, et c'était magnifique. J'étais sur une autre planète. Et tout d'un coup elle m'a dit :
— Tu es d'où ?
Je lui ai dit :
— Oui, je sais. »

***Djurdjurassique Bled*, 1997.**

« Au bout d'un moment, comme les gens ne parlaient pas la langue – ils ne comprenaient pas ce qu'on leur disait –, les fonctionnaires français chargés de l'état civil, pour faire vite, ils ont commencé à bâcler.
— Tu viens de quelle tribu ?
— Kistidi ?
— C'est bon, tu t'appelleras Kistidi. »

« Les noms patronymiques algériens »,
***Le Dernier Chameau*, 2004.**

« On peut être communiste, socialiste, islamiste, athée, évangéliste nouvellement converti, blanc, jaune ou noir, face à un carburateur grippé, à un radiateur qui fuit, à une batterie à plat, la nature humaine oublie ses discordes et renoue avec la fraternité originelle. »

***Tous les Algériens sont des mécaniciens*, 2008.**

« Les Marocains, c'est des Algériens calmes. Jean Cocteau disait : "Les Français sont des Italiens en colère." C'est la même approche. Si je poussais la logique jusqu'au bout, on peut aller très très loin. Si les Marocains sont des Algériens calmes, c'est que les Algériens sont des Marocains agités. S'ils sont agités, c'est qu'ils sont en colère, et s'ils sont en colère, c'est que ce sont des Italiens en colère. Et si les Algériens sont des Italiens en colère, c'est qu'ils sont Français ! »

***Petits chocs des civilisations*, 2012.**

« Le lendemain de l'attentat dans le RER B à la station Saint-Michel, j'ai débarqué à Marseille… J'ai attrapé le train pour monter à Paris. Quand je fis irruption dans la voiture 3, les voyageurs me remarquèrent immédiatement. Ce n'est pas très difficile, vous me direz : avec la tête que j'ai... plus la situation est tendue, plus je stresse, plus je stresse, plus je m'enferme, plus je m'enferme, plus je mute, et plus je mute, plus je ressemble aux portraits-robots de tous les terroristes islamistes de la planète. Il me manquait que la barbe… mais ça, les gens la dessinaient eux-mêmes dans leur tête. »

***Petits chocs des civilisations*, 2012.**

« Les merguez sont une invention des juifs d'Algérie. Elles symbolisent la peur ancestrale des circoncisions ratées. »

***Petits chocs des civilisations*, 2012.**

« Je rassure les musulmans et les juifs présents dans la salle : cette viande est halal et kasher. Je rassure aussi les catholiques et les laïcs : la bête a été étourdie avant l'abattage. Pour ne pas qu'elle souffre, on lui a fait fumer du haschisch. »

« Comment réussir un bon couscous »,
***Petits chocs des civilisations*, 2012.**

BLANCHE GARDIN

(née en 1977)

Comédienne et scénariste, diplômée en sociologie, elle a commencé au Jamel Comedy Club, avant de jouer et de publier ses trois spectacles. Au cinéma et à la TV, elle a aussi coscénarisé le film *Problemos* d'Eric Judor en 2017 et réalisé *La Meilleure Version de moi-même* sur Canal+ en 2021. Elle a acquis une aura qui dépasse de loin le seul cercle humoristique, avec une réflexion sur l'état social du monde contemporain.

« Je n'arrive pas à faire abstraction du fait que mettre au monde un enfant, c'est donner la vie à un condamné à mort. »

***Il faut que je vous parle*, 2015.**

« Il paraît qu'une bonne rigolade, ça vaut un steak. C'est peut-être pour ça que les végétariens font tout le temps la gueule. »

***Il faut que je vous parle*, 2015.**

« C'est triste de revenir sur le marché de la séduction à 37 balais. Il n'y a plus de romantisme, il n'y a plus de magie, on ne croit plus au grand amour. Le mec que je vais rencontrer et qui aura mon âge, il aura eu le cœur brisé quatre fois déjà. C'est pas drôle hein, il n'y aura plus rien à casser. »

Il faut que je vous parle, 2015.

« Les mecs, ça fait quand même plus de 2 millions d'années qu'on couche ensemble, vous savez toujours pas nous toucher les seins ! Pétrissage, malaxage, pinçage, tournage, mammographie... Ça suffit ! »

***Il faut que je vous parle*, 2015.**

« Ça me fascine de voir que le succès des émissions de merde tienne juste à des gens qui te disent : "Non mais moi je regarde justement pour voir à quel point c'est de la merde." »

***Je parle toute seule*, 2017.**

« On crée des émissions de merde pour que les gens les regardent tout en se révoltant qu'elles existent ! »

***Je parle toute seule*, 2017.**

« "La télé, moi ça me vide la tête..." Mais depuis quand se vider la tête c'est une activité positive ?! »

***Je parle toute seule*, 2017.**

« Le jour où tu te fais doigter
par une main avec une alliance dessus,
là il se passe quelque chose.
Là, le roman peut commencer vraiment.
Là, c'est bonjour Anna Karénine, bonjour
Emma Bovary, j'ai enfin la certitude
que ma vie va mal finir ! »

***Bonne nuit Blanche*, 2019.**

« Je suis une femme blanche, hétéro, âgée de 41 ans, consommatrice d'anxiolytiques : ce n'est pas une identité, c'est un cercueil. »

***Bonne nuit Blanche*, 2019.**

HAROUN

(né en 1984)

Avec cinq one man shows à son actif, Haroun est connu pour son humour subtil et incisif. Il aborde des sujets sensibles avec finesse et traite des thèmes sociétaux et d'actualité, tout en invitant son public à la réflexion. Il a inventé un faux philosophe, Héractète, dont il a publié les pensées...

« J'ai l'impression que les start-upeurs, c'est les gens qui se réunissent en disant : "Les gars, faut qu'on invente quelque chose de pas vraiment utile, mais avec un port USB. Des idées ?" »

***Internet etc.*, 2018.**

« Moi aussi, je suis content d'être là, vivant. J'aurais pu venir en hologramme. Mais je me suis dit que pour le premier rang, c'est mieux de prendre les vrais postillons. »

***Internet etc.*, 2018.**

« Je pense aux jeunes en ce moment qui essayent de se forger une éducation sexuelle, c'est compliqué. D'un côté, tu as le harcèlement. De l'autre côté, tu as le porno, parce que le porno on est d'accord que c'est une espèce de tutoriel raté sur les relations hommes-femmes, ça s'apparente un peu à une recette qui n'a rien à voir avec la réalité : pour faire une omelette, prenez deux œufs, jetez-les contre un mur et tapez dessus avec une poêle. »

« Harcèlement », 2017.

« Dès qu'il y a quelque chose qui me choque un peu trop dans le monde, je mets sur les réseaux sociaux : *Je suis quelque chose*. Ça me libère la conscience, c'est hyper-pratique. Ça a commencé avec *Je suis Charlie, Je suis Bruxelles, Je suis chez moi, aussi, tranquille sur mon canap*. C'est marrant l'engagement sur un réseau social. Pour moi quand tu cries ton désarroi sur Facebook, ça a à peu près la même utilité que quand tu klaxonnes dans un bouchon. Tu fais chier tout le monde et ça ne fait rien avancer du tout. »

***Tous complices*, 2017-2020.**

« C'est que des câbles, Internet. Que des câbles tirés entre nous. Il y a 300 câbles qui font tout Internet, mondial. Il suffirait de couper ces 300 câbles pour qu'on obtienne "le Grand O". Ce que j'appelle "le Grand O", c'est une coupure d'Internet sur toute la Terre. On entendrait toute l'humanité faire "Oooooh". »

***Internet etc.*, 2018.**

« À Paris, entre un SDF qui a pris une douche et un mec qui sort de la *Fashion Week*, je ne fais pas la différence. Si t'es vraiment à la mode, ne t'assois jamais par terre. Le Samu social va t'embarquer, tu vas te retrouver dans un foyer et tu vas te dire : "Oh, une nouvelle friperie !" »

***En vrac*, 2019.**

« Christophe Colomb a découvert l'Amérique, faudrait quand même préciser pour les Européens. Parce que ceux qui étaient là, eux ils savaient où ils étaient. »

***En vrac*, 2019.**

« C'est possible qu'Héractète ne vous dise rien. Ne paniquez pas. C'est normal, c'est moi qui l'ai inventé. Je me suis créé un philosophe. C'est pour me donner de la crédibilité. C'est hyper-pratique. Tu mets des guillemets autour d'une phrase avec un nom qui fait philosophe derrière, les gens n'osent pas te contredire. Tu passes pour un érudit. Tu peux même citer des vrais philosophes. Tu peux citer Montaigne. Très peu de gens ont vraiment lu tout Montaigne. Tu peux dire : "Un jour, Montaigne a dit : Ferme ta g... " Et en plus, il a dû le dire dans sa vie. Comme c'est Montaigne, ils la ferment. »

***Tous complices*, Netflix, 2020.**

« Non, ton fils n'est pas hyperactif. Il est probablement hypo éduqué. Ils te disent qu'il est un peu dur en ce moment mais que c'est pas de sa faute. Il est précoce. Ils ont réussi à transformer le fait d'être con en privilège. »

***Seuls*, 2021.**

« On n'est pas dans un concours d'éloquence, on est plus dans un concours de circonstances. Thèse, antithèse, matraque. »

« Le contrôle de police », 2021.

« Je ne fais pas la différence entre zébré et tigré. Je ne comprends pas pourquoi on dit "requin-tigre" et pas "requin-zèbre" ? Pourquoi on ne dit pas "moustique-zèbre" ? Dans ce cas-là, soyons logiques, le zèbre c'est un cheval-tigre ! »

***Seuls*, 2021.**

« Je ne suis pas raciste, j'ai un ami noir. Très très noir. Beaucoup plus que nécessaire d'ailleurs. »

***Seuls*, 2021.**

« Le problème, c'est pas que le monde va mal, c'est que dans ce monde, y a beaucoup trop de cons qui vont bien. »

***Seuls*, 2021.**

NOÉMIE DE LATTRE

(née en 1977)

Comédienne, chroniqueuse et autrice, elle s'est engagée dans un combat féministe pour faire réagir femmes et hommes sur les inégalités des genres. Elle se distingue par ses qualités de jeu et des répliques ciselées qui alternent parfois avec des textes plus poétiques ou politiques. Dans son dernier spectacle, mi-stand-up, mi-concert, elle analyse les relations femmes-hommes dans l'ère post- #MeToo.

« Tu dois te justifier si tu avortes ?
Mais tu dois aussi te justifier si tu n'as pas d'enfants ?
Tu te dois te justifier si tu allaites en public ?
Mais aussi si tu n'allaites pas ? Tu dois te justifier
si tu travailles ? Et si tu ne travailles pas ?
Tu dois te justifier si tu vieillis, si tu te caresses
ou si tu pètes ? Mais tu t'en bats les steaks !
Parce qu'une fois par an, le 8 mars, c'est TA journée ! »

***Féministe pour Homme*, 2017.**

« Ah mon chéri, ça va ? Dis, tu sais que je suis devenue féministe ? Non, pas gouine, féministe, on va pas revenir là-dessus et Isabelle n'a rien à voir là-dedans ! Et il est évident que dans cette quête d'épanouissement personnel et de reconnaissance sociale, tu représentes plutôt un frein, voire un boulet. Bah si, c'est compliqué pour moi d'être une actrice engagée qui passe ses journées à militer pour la cause des femmes, et de retrouver le soir un homme qui, n'ayant pourtant pas travaillé plus que moi, ni gagné plus d'argent que moi, ni allaité d'enfants que je sache, ni pris soin de la maison – ça j'en suis sûre –, arrive quand même à me demander en se grattant les couilles : "Qu'est-ce qu'on mange ce soir ?" »

« La féministe », *Noémie de Lattre se pose des questions existentielles*, 2012.

« Tu commences à être un chouïa énervée qu'il y ait des débats publics pour déterminer si tu es capable ou non de faire la différence entre un séducteur et un harceleur, entre un lourd et un porc, entre une bise et une bifle. »

***Féministe pour Homme*, 2017.**

« On nous a vendu pendant des décennies un suffrage "universel" où les femmes n'avaient pas le droit de vote… ça aurait pu nous mettre la puce à l'oreille ! »

***Féministe pour Homme*, 2017.**

« Je me suis rendu compte récemment que quand on veut insulter une femme gravement, on la traite de pute, et quand on veut insulter un homme gravement, on le traite de fils de pute ! Est-ce que ça serait pas ça, la double peine ? En fait, ce sont toujours les femmes qui prennent ! »

***Féministe pour Homme*, 2017.**

« "IVG de confort", sérieusement ? Tiens, j'ai bien envie de confort moi aujourd'hui... Est-ce que je vais me faire un ciné, est-ce que je vais me faire masser, ou est-ce que je vais me faire enfoncer dans le corps une aiguille de 30 cm ? J'hésite ! »

***Féministe pour Homme*, 2017.**

« Si les hommes avaient leurs règles, ce serait la fête du slip ! Ils en parleraient tout le temps. Ils se les mesureraient, se les compareraient. Ils feraient des dessins dans la neige. Y aurait des pénis dessinés en sang sur les murs de tous les vestiaires de foot du monde, et bien sûr il y aurait des compètes de flux. "Tu fais combien de millilitres, toi ? 6 ml ? 8 ml ? Moi j'en fais 10 ! Ouais, je crois que c'est moi qui ai le plus gros flux." »

***Féministe pour Homme*, 2017.**

« Il faut qu'on arrête de faire des enfants avec les gens qu'on aime ! Enfin c'est évident que ça se parasite. Qui a envie de penser bifle en pleine lecture de *Tchoupi* ? Ou de se demander en plein 69 si bébé n'a pas fait caca mou ce matin ? Personne ! C'est un coup à se faire talquer le cul par mégarde après s'être fait arracher le body ! »

***L'Harmonie des genres*, 2023.**

« On a pensé l'homme par rapport à Dieu, l'homme par rapport à la Nature, l'homme par rapport à la mort, l'homme par rapport au steak de thon, et la femme… par rapport à l'homme ! »

***L'Harmonie des genres*, 2023.**

« Elles [les femmes] souffrent pour être belles, afin d'être des épouses de rêve au corps parfait et aux sous-vêtements coordonnés, pour des pépitos qui, si ça se trouve, ne se sont même pas retiré les cacas d'yeux… Et auxquels elles consacrent généralement plus de la moitié de leur séance de psy, donc leur temps, leur énergie et leur argent pris au détriment de leur thérapie, de manière à comprendre et à décoder ce qu'ils ne disent pas, à savoir si "hum hum" signifie "je t'aime aussi", "tu me saoules" ou, je sais pas, " j'ai faim". »

***L'Harmonie des genres*, 2023.**

VALÉRIE LEMERCIER

(née en 1964)

**Révélée en grande bourgeoise dans la série *Palace*,
elle est une référence de l'humour français avec cinq spectacles en solo,
dont trois lui ont valu le Molière du one man show (en 1991, 1996 et 2001).
Elle a toujours refusé que ses spectacles soient enregistrés.
Elle a écrit et réalisé six films pour le cinéma.**

« Ah mais c'est vrai que tu ne connais pas la Renardière ! Ça fait des centaines d'années qu'on est là-bas, on est ravis. Tu sais que dès qu'on a trente secondes, on est fourrés là-bas ! On fait des grandes tablées, on n'est jamais moins d'trente, on est morts de rire. Là, on a retrouvé des tas de cousins du côté d'maman qu'on n'a pas vus depuis des années et qu'ont des bites énormes. Maman ? Ben elle était ravie, tu parles... Des bites, génial ! »

« La Renardière », *Valérie Lemercier au Splendid*, 1989.

« Concupiscent
Presbyte
Compétent
Tapisser
Sarabande
Perpète
Visqueux
Suspect
Joan Baez
Consensus
Paniquer
S'expatrier
Knobelspiess
Enrichi
De Gaule. »

« Les mots des gueux », *Valérie Lemercier au Splendid*, 1989.

« Il va me falloir entamer un gros travail de deuil.
Oh ça ne va pas la faire revenir pour autant, jamais je ne retrouverai
sa belle présence.
Sa peau était de plus en plus douce, si fraîche, si savoureuse…
Ah, on voit bien qu'tu n'as jamais mangé la chatte à maman !
Ne fais pas cette tête-là, mon grand lapin, je m'emporte mais j'ai le cœur brisé,
quel grand amour ! »

« Le veuf belge », *Valérie Lemercier au Palace*, 2008.

« La passivité ambiante, j'peux pas… Aucune créativité, soyez un peu inventifs, merde ! Antoine de Saint-Exupéry, à huit ans, il écrivait des p'tites pièces de théâtre, il faisait des dessins, des poèmes, des charades, il dirigeait le p'tit journal de son école et il savait déjà piloter un avion ! Ça, c'est sûr, c'est pas en bouffant du Galak devant YouTube qu'on va vous retrouver sur un billet d'cinquante balles… »

« Porcherie », *Valérie Lemercier au Palace*, 2008.

« Ben j'ai été voir un psy… Bè ui justement, pour verbaliser. En deux rendez-vous, c'était plié, j'avais compris. C'était rien du tout. C'était de l'air. C'était lui qui me gonflait… Alexis ! Le jour même, j'ai commencé à fondre, j'ai tout reperdu en trois semaines. Là, ça y est, j'remets à nouveau mes maillots de bain, j'rentre dans tous mes futes, euh, tout va bien. Tu vois, si ça s'trouve, toutes les grosses bonnes femmes, c'est juste qu'elles se font chier. »

« Zaïa », *Valérie Lemercier au Palace*, 2008.

« Les pots de yaourt, ça se rince ! Tout le monde sait que la caséine du lait anéantit totalement toute la chaîne de recyclage. Ça fait quand même mal au cul de voir un bac entier foutu en l'air, à cause d'un abruti qui n'a pas fini son yaourt ! Mais j'ai même pas envie de partager ma colère avec vous, vous la méritez pas. »

« La voisine équitable », *Valérie Lemercier au Palace*, 2008.

« Là, on sera sur une glace turbine jolie vanille du Pendjab, les p'tits grains qui rassurent. Et sa tuile tilleul-sésame qui vit sa p'tite vie… sans piquer la vedette. C'est croquant, c'est gourmand, sensation contemporaine. C'est parti ! »

« Bubulle », *Valérie Lemercier au théâtre du Châtelet*, 2015.

« Ça va, t'as quatre jours pour perdre sept kilos, ça va...
… Ben comme toutes les filles avant la fashion week…
Un Tic-Tac le matin, un Demak-up toutes les deux heures, histoire d'avoir un truc dans l'ventre. Deux ou trois imbibés d'vodka en suppo avant d'partir, couic, juste pour avoir l'œil qui brille sans puer l'alcool et voilà… »

« Dore », *Valérie Lemercier au théâtre du Châtelet*, 2015.

ALEX LUTZ

(né en 1978)

Révélé au grand public dans le deuxième volet *OSS 117* en 2009, mais surtout par la série *Catherine et Liliane* cocréée avec Bruno Sanches en 2012, il obtient deux Molière de l'humour pour ses one man shows, ainsi qu'un César du meilleur acteur. Auteur pour d'autres artistes, acteur et réalisateur, il écrit aussi un roman, *Le Radiateur d'appoint*.

« Je crois que ça serait bien de miser sur des couleurs sympas, un peu flashy même, pourquoi pas. Joyeuses, tout à fait, ludiques. Justement pour insister sur le côté joyeux de la tenue…
Ah, c'est plutôt pour un enterrement ! OK, je vois, tout à fait. Je remballe mes gaules. À ce moment-là, on irait plus dans toute cette série-là, dans des gris, des chinés, des noirs, bien entendu.
Mais je crois que ce serait quand même innovant d'inclure un petit accessoire de couleur. Une écharpe rouge, ou quoi.
Pour justement le côté : "C'est vrai, c'est triste, on pleure, on pleure", mais quand même un petit peps que la vie continue ! »

« La vendeuse », *Triple Lutz*, 2007.

« Mon père entre en trombe dans ma chambre et me fait : "Alex, tu prends tes affaires de la petite souris, ton cartable, ta cagoule, on est très en retard à l'école, dépêche-toi !" Je prends mes affaires, mon cartable, ma cagoule, il me prend comme ça, il me jette dans la voiture, il démarre à toute berzingue. C'était une époque merveilleuse où on pouvait prendre les enfants comme ça, les jeter dans les voitures et démarrer à toute berzingue. »

« Les années 80 », *Alex Lutz*, 2011.

« "*The show must go on*", elle est ridicule cette expression, elle est affreuse. En plus, elle ne concerne que nous, les artistes, que ça doit absolument continuer, quoi qu'il arrive. C'est horrible. Vous, au travail, si Nathalie et Bernard se font broyer les jambes par un ascenseur défectueux, je ne vous souhaite pas un collègue qui dise: "Bon, ben... Nath et Bernard viennent de perdre l'usage de leurs jambes, mais nous, on a une réunion de bilan dans 10 minutes. La compta must go on!" »

« Alex Lutz », *Alex Lutz aux Folies-Bergère*, 2020.

« C'était la télévision où il y avait deux, trois chaînes. Pour changer les chaînes, il fallait y aller à même le poste. Pour les plus jeunes d'entre vous, je vous assure que c'est la vérité. Je me souviens avec beaucoup d'émotion de mon père, avec ses lunettes de glacier, ses chaussures à crampons, sa ficelle autour de la taille, qui nous disait tendrement :
– Les enfants, allez embrasser votre mère, dites-lui que je l'aime énormément. Papa va traverser le salon et tâcher de mettre la trois ! »

« Alex Lutz », *Alex Lutz aux Folies-Bergère*, 2020.

« Les adultes savaient qui étaient les méchants et les gentils. Moi, en pyjama pilou pilou, à 6 ans, tu parles, en termes de méchants, j'avais identifié Hitler et les loups. »

« Alex Lutz », *Alex Lutz aux Folies-Bergère*, 2020.

« On est merveilleux les êtres humains. On est capables de se tirer dessus pendant quatre ans et après on joue de la trompette. Le lion ne fait pas ça, il n'attrape pas une antilope pour lui jouer du flutiau derrière. C'est ça qui est formidable avec les êtres humains. »

« Alex Lutz », *Alex Lutz aux Folies-Bergère*, 2020.

« Papa, maman, on est de droite ou de gauche ?
— Va dans ta chambre, tu as vu l'heure qu'il est !
— On est de droite, alors ! »

« Alex Lutz », *Alex Lutz aux Folies-Bergère*, 2020.

GUSTAVE PARKING

(né en 1955)

Clown poète écolo avant l'heure, mime et amateur de jeux de mots, il tient son nom de scène de la rue (et des parkings), où il a beaucoup pratiqué son art. Passé par *La Classe* sur FR3, il a aussi joué au théâtre selon une formule « entrée gratuite, sortie payante », au chapeau, où le public donne en fonction de ses moyens.

« La mort, c'est le meilleur moment de la vie.
C'est pour cela qu'il est préférable de le garder pour la fin. »

***Le Retour des joies sauvages*, Théâtre Trévise, 1994.**

« Le problème des lunettes est que tu es obligé de les retrouver pour pouvoir les chercher. »

***Le Retour des joies sauvages*, Théâtre Trévise, 1994.**

« Mon spectacle n'est fait qu'avec des objets pourris et récupérés. Comme ça, pour vous, c'est un spectacle écologique, et pour moi, un spectacle économique. »

***Gustave Parking au Casino de Paris,* 1997.**

« Un seul être vous manque et faut tout ranger tout seul. »

***Le Retour des joies sauvages*, Théâtre Trévise, 1994.**

« On était allés voir un film belge,
ça s'appelait *Il était dans l'Ouest, une fois.* »

***Gustave Parking* au Casino de Paris, 1997.**

« Le slip est une forme de tchador qui cache
chez l'homme son vrai visage. »

***Gustave Parking* au Casino de Paris, 1997.**

« À force de s'habiller en noir,
on commence par le broyer. »

***Gustave Parking* au Casino de Paris, 1997.**

« Les races n'existent pas. Un Noir, c'est simplement un Blanc adapté à son environnement. Je vous laisse réfléchir là-dessus. Et un Blanc, c'est un Noir qui ne voit pas assez le soleil. Je vous laisse re-réfléchir là-dessus. Et un Arabe, c'est souvent un mec qui était obligé de faire l'aller-retour. Et un raciste, c'est un gros con, y a pas à réfléchir. »

« Invention - 1re partie », 2008.

« Hier, j'étais au resto avec Christian, je me posais des questions fondamentales. Qui suis-je ? Où vais-je ? Qui c'est qui me ramène ? »

***De mieux en mieux pareil*, Théâtre Trévise, 2011.**

« Le temps est un vêtement d'enfant : plus on grandit, et plus il raccourcit. »

***De mieux en mieux pareil*, Théâtre Trévise, 2011.**

« Si tu as trop de boulot, coupe-le en petits bouts et en petits lots. »

***De mieux en mieux pareil*, Théâtre Trévise, 2011.**

« Si tu veux parler au nom de la majorité silencieuse, tais-toi ! »

***De mieux en mieux pareil*, Théâtre Trévise, 2011.**

PATSON

(né en 1974)

Franco-ivoirien, il est l'une des figures les plus charismatiques du Jamel Comedy Club. Son gimmick : « Yes papa, jeu de jambes » a vite été retenu du public. Le stand-upeur développe un sujet de prédilection, le vivre-ensemble, avec une fougue qui emporte tout !

« Je me présente, je m'appelle beau gosse.
Mon père s'appelle Beau, moi-même je m'appelle Gosse.
Je suis métis. Ma mère est black, mon père est noir,
moi je suis un homme de couleur. »

Jamel Comedy Club, 2006.

« Nous, les Africains, on n'a pas de papiers, mais on cirrrrrrrrrrcule ! »

Chaîne YouTube Yes Papa Patson TV.
(Réplique du film *Débarquement immédiat !* de Philippe de Chauveron)

« Pourquoi, les femmes, vous nous parlez en fait ? Pourquoi vous parlez à vos hommes ? Où c'est marqué que la femme doit parler à son mari ? C'est marqué où ? Vous parlez trop. Quand elle ne parle pas, elle pleure. On ne comprend pas. Arrêtez de nous parler, faites des dessins, on va comprendre. Moi, ma femme me parle tellement que le soir quand on dort, je fais des rêves exprès pour l'oublier. Malgré ça, elle rentre dans mon rêve pour me parler dans mon rêve. C'est mon rêve quand même ! »

« Les femmes », *Patson l'original®*, 2010.

« L'intégration, c'est un truc qui est important. Mon oncle et mon père, 20 ans en France, ils ne se sont jamais intégrés. Jamais. Mon père surtout, toujours habillé pareil : boubou, veste, sandales. »

« Mon père », *Patson l'original®*, 2010.

« Une femme, quand tu l'amènes au restaurant, elle mange seulement, elle ne regarde pas l'addition. Quand on donne les cartes, toi, l'homme, tu regardes les prix. Elle ne regarde pas les prix. Toi, ton cœur bat, tu vois les prix, ton cœur bat. Elle va te demander :

— Bébé, qui paie ?

Quand tu dis que c'est toi, elle dit :

— Dans ce cas, je vais prendre une coquille Saint-Jacques !

99 euros.

— Vous buvez quoi ?

— Dom Pérignon.

J'ai dit :

— Serveur, un seau d'eau et des glaçons, on va se débrouiller. »

« Les femmes au restaurant », *Patson l'original®*, 2010.

« Ton père est moche. Ton grand-père est moche. Regarde sa tête, on dirait une mangue. À cause de lui, on ne peut plus fermer l'album photos : sa tête déborde. »

« Mens vrai ! », *Mon nom est Patson*, 2013.

« Avant-hier, j'ai failli gifler la caissière. Je finis mes courses...
— Excusez-moi, monsieur, avez-vous une carte de fidélité ?
— Madame, je n'aime pas ça. Écoute-moi bien ! Déjà, le produit, j'ai failli le voler. Si tu ne baisses pas les prix, c'est des cartes de voleur que tu vas avoir dans ce magasin. Je viens à ta caisse parce que le vigile me suit, sinon je n'allais pas venir là. »

« Au supermarché », *Mon nom est Patson*, 2013.

« [Sa copine lui reproche de ne pas lui témoigner suffisamment d'affection.]
— Tu ne m'aimes pas !
— Pourquoi ?
— Tu ne me sors jamais !
— Écoute, habille-toi, on s'en va.
Elle s'est habillée. On est allés au drive. Même pas un menu, frites, sel, de l'eau. Elle fait la gueule.
— Mais on est sortis !
— Tu es con ou quoi ? On n'est même pas sortis de la voiture !
— C'est normal. C'est le principe du drive : on ne descend pas ! »

« Mens vrai ! », *Mon nom est Patson*, 2013.

« Les femmes, vous dites toujours
que les enfants vous appartiennent.
Je vais démontrer par A + B
que l'enfant appartient au papa.
Depuis quand l'enfant appartient
à la maman ? Quelqu'un va
au distributeur et met une pièce,
la cannette tombe et la cannette
appartient au distributeur ?
Depuis quand ? »

« Les enfants ! », *Mon nom est Patson*, 2013.

« Lundi matin, je vais chez mon opérateur téléphonique. Je montre le message que j'ai reçu : *Votre opérateur vous envoie deux gos dimanche avant minuit.* Je dis :

— Elles ne sont pas venues.

— Comment ça ?

— Elles ne sont pas venues ! Au moins une vient dire que l'autre est malade. Mais aucune des deux n'est venue. »

« Les gos », *Mon nom est Patson*, 2013.

« Nous, on ne vous a pas attendus pour voyager gratuitement, même la petite est restée naine pour pouvoir passer sous le tourniquet. »

***Mon nom est Patson*, 2013.**

« Moi, j'avais 17 ans, j'étais au CP. 27 ans en sixième, je venais en voiture. En troisième, j'étais dans la même classe que ma fille. Elle a eu son brevet avec mention, moi je l'ai eu avec mensonge. Elle vient me voir, elle dit : "Papa, j'ai pas vu ton nom là-bas." J'ai dit : "Quoi, il y a ton nom ?" Elle dit : "Oui." J'ai dit : "S'il y a ton nom, il y a mon nom ! Tu portes mon nom, non ?" Sa matière préférée, c'est math stup', ou je ne sais pas quoi là. Moi, ma matière préférée, c'était cantine et sport. Cantine, j'arrivais à 6 heures du matin. J'aidais les gars à livrer le pain. Sur mon bulletin, ils ont marqué : *Élève pas sérieux.* Les notes c'était zéro zéro zéro, on dirait un numéro de portable, zéro, deux... Et en bas, ils ont mis en observation : *Les dames de cantine disent : "En tous cas, il nous aide à éplucher les pommes de terre."* »

***Mon nom est Patson*, 2013.**

MANU PAYET

(né en 1975)

Ex-animateur de radio, acteur, réalisateur, scénariste, il a joué trois one man shows, dont le premier, coécrit avec et mis en scène par Philippe Mechelen.

« Je suis fasciné par cette période de la Préhistoire, parce que c'est une période à laquelle tout allait beaucoup plus vite. À 8 ans, tu faisais ta crise de la trentaine. Si, à 10 ans, tu n'étais pas marié, tu n'avais pas de gosse, tu étais considéré comme un mec très louche dans la grotte. »

***Manu Payet au Bataclan*, 2008.**

« Faites comme moi,
sauvez votre couple, démarrez
une série télé. Une bonne
série télé américaine bien foutue
et avec plein d'épisodes...
C'est une femme :
elle ne partira pas avant la fin
de la saison ! »

***Emmanuel*, 2018.**

« Vous savez à quel moment j'ai compris que j'avais atteint le sommet de la déprime ? C'est quand j'ai commencé à porter la journée les t-shirts que d'habitude je mettais pour dormir. »

***Manu Payet au Bataclan*, 2008.**

« J'ai appelé le spectacle "Emmanuel", parce que quand même, ce prénom n'est pas si moche que ça, dit en entier. Et moi je l'entendais dit en entier... Tu sais, quand tes parents disent ton prénom en entier, c'est que tu vas te prendre une tarte dans la gueule. »

***Emmanuel*, 2018.**

« On n'est jamais jaloux de la bonne personne. Moi, je crois toujours que le gars qu'elle veut se baiser, c'est le gars que moi je trouve beau. Si ça se trouve, c'est moi qui veux baiser le gars. »

***Emmanuel*, 2018.**

ÉLODIE POUX

(née en 1982)

Ancienne professionnelle de la petite enfance, elle quitte vite le monde de la mignonnerie pour faire profiter le public de son humour piquant. Comédienne et humoriste, elle tient une chronique dans la revue de presse sur Paris Première et est nommée au Molière de l'humour en 2024 pour *Le Syndrome du papillon*.

« Moi, je voulais un métier où tu ne travailles que le soir, et où c'est bien payé, mais je suis allergique au latex. Alors j'ai dit : bon… l'humour, pourquoi pas ? »

***Le Syndrome du Playmobil*, 2017.**

« Parfois, je joue dans des patelins que je sais même pas qu'ils existaient, devant des gens, je savais même pas que ça existait.
Enfin, j'avais déjà vu des tableaux de Picasso, mais je connaissais pas l'odeur. »

« Survivre en école maternelle », Montreux Comedy Festival, 2018.

« Carole ! Ouh ouh ! Carole, hé ! il fait chaud dans le parc, hein Carole, je perds les eaux par les aisselles ! »

« Le parc », Montreux Comedy Festival, 2020.

« Son père, un scandale...
Bête, bête, bête ! Genre le mec, tu lui dis :
"Vas-y, fais-moi grimper au rideau !",
il te fait la courte échelle, tu vois ! »

« Le parc », Montreux Comedy Festival, 2020.

« J'en ai pas, moi, des enfants [...]. Physiquement, tout va bien, je peux en avoir, c'est juste que j'aime les petits plaisirs simples de la vie, hein, comme être seule aux toilettes, ohhh... dormir le dimanche matin. Ohhh... dormir... tout court ! »

« Vivre sans enfants », Montreux Comedy Festival, 2021.

« Des triplées : Cadence, Constance et Prudence.
On n'a pas le droit de les frapper mais on peut leur donner des prénoms de poneys [...]. J'aimerais que ce soir, nous ayons tous une pensée particulière pour ces pauvres enfants qui ne trouveront jamais de bol breton avec leur prénom marqué dessus. »

« Vivre sans enfants », Montreux Comedy Festival, 2021.

« Quand ton médecin te dit que tu as un truc dont tu n'as jamais entendu parler, c'est pas bon signe. C'est pas ça le pire, le pire c'est quand tu donnes ton nom à une maladie. Tu dis : ah, je vais pas faire long feu moi, la prochaine fois que je rentrerai en boîte, elle aura des poignées. »

***Le Syndrome du papillon*, 2021.**

« Je suis excitée comme un lobby pharmaceutique en pleine pandémie mondiale. »

***Le Syndrome du papillon*, 2021.**

« Sur les réseaux sociaux, les gens qui râlent tout le temps, ça s'appelle des "haters" : des internautes à capital neuronal déficitaire. »

***Le Syndrome du papillon*, 2021.**

« Et souvent les gens me demandent : "Comment vous faites pour recevoir tout ça et être heureuse quand même ?" Mais c'est très facile. Les haters m'envoient des messages pourris, je parle d'eux dans mes spectacles et je suis payée pour jouer dans mon spectacle. »

***Le Syndrome du papillon*, 2021.**

GASPARD PROUST

(né en 1976)

Après une jeunesse en Algérie, en Slovénie et en Suisse, il entame une carrière de gestionnaire de fortune, avant de changer de voie pour devenir humoriste. Son style cynique et littéraire et sa propension à faire de longues phrases semées d'incises lui ont valu la réputation de « nouveau Desproges ». Sa carrière d'acteur au cinéma commence avec un rôle dans *L'amour dure trois ans*, de Frédéric Beigbeder.

« Je vois vraiment que vous êtes venus rigoler.
Vous attendez de moi que je déclenche chez vous cette espèce de reflux gastro-œsophagien festif,
cette exhibition bucco-plombaire, cette trépidation rhinopharyngée, enfin, ce mélange sordide entre une gastro-entérite et une crise d'épilepsie qui vous emmèneront dans un monde merveilleux, tout en gardant par miracle fermé votre clapet fécal. »

***Gaspard Proust tapine*, 2011.**

« Envahir la Pologne au lieu de la Suisse, c'est comme habiter en face d'une banque centrale et braquer le kebab. »

***Gaspard Proust tapine*, 2011.**

« Quand on pense que 80 % des femmes sont clitoridiennes, à quoi bon s'acharner à bander ? »

***Gaspard Proust tapine*, 2011.**

« À quoi se résume le bond technologique actuel, la Wii ?
Permettre à des pauvres de jouer au golf...
avec les gestes du ping-pong. »

***Gaspard Proust tapine*, 2011.**

« Philosophiquement, je suis un cartésien.
Pas n'importe lequel : cartésien désabusé.
C'est-à-dire que je pense donc je suis... mais je m'en fous. »

***Gaspard Proust tapine*, 2011.**

« Dans le fond,
nous sommes tous de droite.
Vous connaissez des gens
de gauche qui, à la chute
du mur de Berlin,
se sont enfuis à l'Est ? »

***Gaspard Proust tapine*, 2011.**

« Strangers in the night !
Syphilis in the morning ! »

***Gaspard Proust tapine*, 2011.**

« Les couples de droite, ça dure plus longtemps. Comme il y a des intérêts financiers, c'est plus chiant à défaire. Il y a la SCI à liquider, faut distribuer les parts, la collection de bagnoles, la vaisselle, la résidence secondaire. Le notaire qui facture, l'avocat qui facture, le détective privé qui facture.
Si bien qu'à un moment, le père de famille, il voit la note globale : "Oh putain !" Il regarde sa femme. Il regarde la note. Puis il dit :
— Non, mais c'est bon, je t'aime, laisse tomber. Tiens, un sac à main. Tiens.
— Tu crois que tu vas m'acheter ?
— Non, j'en suis sûr.
Le sac à main est à la bourgeoise ce qu'une sardine est à l'otarie. »

***Dernier Spectacle*, 2021.**

MURIEL ROBIN

(née en 1955)

Elle est la figure emblématique du one woman show en France, reconnaissable à ses personnages légendaires aux répliques cultes énoncées de sa voix unique. Après avoir débuté dans *La Classe* avec Jean-Marie Bigard, Pierre Palmade et Michèle Laroque, elle a écrit et joué une douzaine de spectacles en solo ou en duo. Aujourd'hui réalisatrice et metteuse en scène, elle s'engage dans la lutte contre les violences faites aux femmes.

« Oui, j'ai une vie privée… privée de tout, c'est vrai, mais privée quand même ! »

« La solitude », *Tout m'énerve*, 1990.

« C'est sûr, quand on est tout seul on est peinard… C'est peut-être même le seul avantage ! »

« La solitude », *Tout m'énerve*, 1990.

« Pardon Myriam ? Ça t'ennuie qu'on partage ?
Ah oui, t'as pris qu'une salade, toi ?
Ah, oui... Eh bien tu vas la payer à part, ta petite salade ! »

« L'addition », *Tout m'énerve*, 1990.

« Tous ces Noirs d'un coup, d'un seul, t'as pas peur que ça fasse un peu deuil pour un mariage, toi ? »

« Le Noir », *Tout m'énerve*, 1990.

« Eh bien oui, vous êtes bien chez Muriel Robin, tagada tsouin tsouin ! Je ne suis pas là pour le moment, je vais revenir, laissez-moi un message avec vos pouet pouet coordonnées... Je vous rappellerai dès mon diling ding ding ding retour. Vous pourrez parler après le dabda dabda dab' dab' dabda bip sonore. »

« Le répondeur », *Tout m'énerve*, 1990.

« J'ai retrouvé cette photo sur moi.
Qui est cet homme ? Mon mari !... Depuis dix ans !...
Il ne m'plaît pas du tout ! »

« L'amnésique », *Tout m'énerve*, 1990.

« — Dites-moi, Félicie,
vous ne parlez pas allemand, vous ?
— Ah non, madame.
— Eh bah, vous devriez.
L'allemand, ça occupe,
ah ah ah, c'est bien connu ! »

« Le barbecue »,
***Toute seule comme une grande*, 1998.**

« Alors, ces radios, le fait est qu'on retrouve du tabac...
dans vos poumons, ça, incontestablement ! Mais c'qui m'inquiète le plus,
M'dame Dupin, c'est qu'on retrouve aussi des mégots ! »

« Madame Dupin », *Tout m'énerve*, 1990.

« Hier, je me sentais bien, j'étais en pleine forme,
de bonne humeur, une pêche pas possible. Je me suis dit :
"Allez, tiens, je vais faire mon testament." »

« La testament »,
***Toute seule comme une grande*, 1998.**

« Monsieur Fauré, il m'a collé des tout petits bitoniaux, qu'il a poussés
très très très loin, pour caler des tout petits volets, l'autre il m'a mis
un tout petit compteur, alors, on va faire un tout petit escalier, puis des
tout petits murs sur lesquels on jettera des toutes petites bouses...
On a fait une toute petite réunion, pour un tout petit chantier, et moi ?
Là, je crois que je vais faire une toute petite dépression ! »

« La réunion de chantier »,
***Toute seule comme une grande*, 1998.**

ANNE ROUMANOFF

(née en 1965)

Avec 37 ans de carrière sur les planches, l'écriture de chroniques dans la presse, de nombreuses apparitions à la télévision, des émissions de radio et bientôt le cinéma, Anne Roumanoff est une artiste aux innombrables talents. Après un diplôme de Sciences-Po, elle présente son premier one woman show en 1987, avant de multiplier les spectacles et de se produire sur scène dans toute la France et à l'étranger. Son énergie et ses textes percutants, toujours dans l'air du temps, font d'elle une des humoristes préférées des Français.

« Avant, on se comprenait sans se parler.
Après, on se parlait sans se comprendre.
Et maintenant, on comprend qu'on ne se parle plus. »

« Relancer sa vie sexuelle ».

« Le sport, je suis croyante mais pas pratiquante. »

« Le club de gym ».

« Qui pratique l'abstention ne doit pas ensuite râler contre le résultat des élections. »

Chronique *Radio bistro*.

« Quand tu prêtes de l'argent à des amis, tu perds l'argent et les amis. »

« Comment emprunter 5 000 euros ? »

« Avec les enfants, le plus dur, ça n'est pas la fabrication, c'est le service après-vente. »

« Femme enceinte ».

« Les Français sont un peuple impossible à gouverner. Ils veulent que ça change tout le temps, mais ils sont furieux quand ça ne reste plus pareil. »

« Une Américaine à Paris ».

« Les Français détestent les inégalités mais ils adorent les privilèges et souvent, "inégalités", c'est le nom que tu donnes aux privilèges des autres. »

« Une Américaine à Paris ».

« Prière de l'enseignant :
Donnez-moi aujourd'hui
le courage d'y aller
Pas seulement pour la retraite
et les congés payés.
Pardonnez à tous ceux
qui ne vont pas m'écouter
Comme je pardonne au ministère
de me laisser tomber. »

« Classe sensible ».

« On ne dit plus "caissière", on dit "hôtesse de caisse", mais c'est toujours aussi mal payé. »

« La caissière de supermarché ».

« La chirurgie esthétique, si c'est bien fait, ça ne se voit pas. Mais si ça ne se voit pas, ça sert à quoi ? »

« La femme refaite ».

« J'ai dit à mon mari : "On va essayer de ne plus se faire de reproches pendant 24 heures." Il m'a répondu : "D'accord mais de quoi on va parler ?" »

« 35 ans de mariage ».

« En France, c'est plus facile de trouver des gens qui sont d'accord pour être contre, que des gens qui sont pour être d'accord. »

Chronique *Radio bistro*.

BRUNO SALOMONE

(né en 1970)

Il a commencé avec la Bande du Carré Blanc, devenue les « Nous Ç Nous » avec Jean Dujardin, Éric Massot, Emmanuel Joucla et Éric Collado, puis a poursuivi une carrière solo. Quatre one man shows au compteur, un jeu de comédien très fouillé, avec une foule de mimiques et de voix multiples. Un artiste de scène ultra-complet.

« C'est l'histoire d'un être pas comme les autres,
car il était comme tout le monde. Il naquit à l'âge de 5 ans,
et il fut élevé, enfant, dans son lieu d'enfance.
C'était une ferme et, il le dit encore, quand on lui
demande : "Mais où tu habitais quand tu étais jeune ?"
Il dit : "La ferme !" »

« C'était le cochon d'Inde », *N'est pas cochon d'Inde qui veut*, Palais des Glaces, 1997.

« Il faut que j'aie une petite discussion verbale avec toi. Alors, écoute-moi bien, parce que là je vais te parler en dolby stéréo, avec un pur son THX. Voilà, ça fait depuis que t'es né que je suis ton père. Jusque-là, pas d'embrouille, seulement il s'avère qu'hier j'ai découvert ton dernier bulletin scolaire ! »

« Lascar Papa », *Bruno Salomone, mi-homme, mi-molette,* Bataclan, 2003.

« Vas-y, qu'est-ce qu'y a ? Qu'est-ce que vous avez tous à regarder dans la direction de moi-même, là ? »

« Le zonard », *N'est pas cochon d'Inde qui veut,*
Palais des Glaces, 1997.

« Ce matin, les extraterrestres ont débarqué sur notre planète. Oui, monsieur, oui, je sais très bien ce que je dis, je les ai vus aussi bien que je vous vois, monsieur... Hein ? Madame ! Non non, je ne suis pas...
En tant qu'oto-rhino, je vois bien ce que j'entends.
Ils sont venus chez moi et ils ont enlevé ma femme et mon gosse, alors s'il vous plaît, un petit peu d'incandescence. Mais bien sûr, mais vous prêchez un convertible ! »

« Les extraterrestres », *N'est pas cochon d'Inde qui veut,*
Palais des Glaces, 1997.

« Moi, c'est direct. OK ? Moi, y a pas de karaté, judo, viet vo dao, Étienne Daho. Rien à foutre, moi ! Moi, ma technique c'est : pas de technique. Moi, je fais du pète la gueule ! »

« Pète la gueule », *Bruno Salomone, mi-homme, mi-molette,*
Bataclan, 2003.

« Attention, les jeux de mots, il ne faut pas trop bosser. Sinon, on est trop drôles et on peut tuer des gens… morts de rire. »

« La star école du rire », *Mi-homme, mi-molette*, au Bataclan, 2003

« Le jour où j'ai rencontré le père de mon fils, on peut pas dire que c'était un coup de foudre. C'était un coup. »

Euphorique, 2016.

« On ne juge pas, mais on se fout quand même un petit peu de sa gueule. »

Le Show du futur, 2019.

SELLIG

(né en 1969)

Populaire dans toute la France, plus présent sur scène et à la radio qu'à la TV, il a pris pour pseudonyme son prénom Gilles écrit à l'envers. Après avoir commencé sa vie comme cuisinier, il se lance en 1992 dans l'humour avec un don pour la tchatche. En plus de ses six spectacles répartis en autant d'« épisodes », il publie des romans de science-fiction et d'aventures.

« Comique, mesdames et messieurs, c'est un vrai métier.
T'es sur une scène et tu racontes des conneries à des gens qui paient. »

« Les premières fois », *Épisode 4*, 2013.

« C'est-à-dire que moi j'étais cuistot, pas cuisinier.
Je mélangeais des trucs, je faisais cuire, et des fois,
c'était bon. Fallait bien tomber. »

« La cuisine », *Épisode 6*, Olympia, 2024.

« Ikea, c'est le seul magasin au monde à sens unique. C'est-à-dire que chez eux, tu te croises pas comme chez Conforama... Tu te doubles. Vrai ou faux ? C'est-à-dire, que si tu as oublié quelque chose au fond du magasin, t'as pas le choix : tu refais le tour. Et comme en général tu ne trouves jamais rien, tu tournes. »

« Ikea », *Épisode 1*, 2001.

« Est-ce que je m'en mets des crèmes, moi ?
Hein, est-ce que je m'en mets des crèmes ? Oui j'm'en mets...
crème pâtissière, crème anglaise, crème au beurre,
crème caramel, crème Chantilly.
Plein la gueule, je m'en mets des crèmes ! »

« Faut que je maigrisse ! », *Épisode 2*, 2006.

« J'ai dit à Bernard :
— Qu'est-ce que tu fais au milieu de la forêt ?
— On s'est embrouillés avec ta sœur.
— Qu'est-ce que tu lui as dit encore ?
— Rien, je lui ai juste dit : "Minou, avec les meubles derrière, tu devrais conduire plus souple."
— T'es fou. Qu'est-ce qu'elle a dit ?
— Rien, elle a ouvert ma fenêtre et elle m'a dit : "Vas-y, saute, on va voir si t'es souple, toi, à 80 km/h."
— Qu'est-ce que tu as fait ?
— Ben rien, tu connais ta sœur, je suis pas fou, j'ai sauté ! »

« Le déménagement de ma sœur », *Épisode 2*, 2006.

« Bernard, il a des rosiers plein de pucerons, il me dit : "On va mettre des coccinelles dessus, ça mange les pucerons." Attention, on a chargé la mule en coccinelles, l'enfer, des coccinelles de partout, obligé de rajouter des pucerons dessus. Et va trouver des pucerons un dimanche toi ! »

« L'écologie », *Épisode 3*, 2010.

« Pupuce, on sait pas ce que c'est comme animal. C'est ma sœur qui l'a fabriqué, moitié chien, moitié vache. Ouais ! Un "chiache". »

« Les vacances de ma sœur », *Épisode 3*, 2010.

« Vous connaissez ma sœur : douce comme une râpe à bois. Elle a insisté, j'ai refusé, elle m'a giflé, j'ai accepté ! »

« Ma sœur et mon beau-frère aux sports d'hiver », *Épisode 5*, Bourse du travail de Lyon, 2018.

« Ma sœur, elle est radine. Quand elle paie, elle a mal physiquement. Quand elle dit au mec : "Combien je vous dois ?" Il dit : "deux euros." Elle fait : "Aïe !" Ma sœur, comment je peux vous dire. Ma sœur, elle a les bras courts et les poches profondes… Un tyrannosaure ! »

« Ma sœur et mon beau-frère Bernard aux sports d'hiver », *Épisode 5*, Bourse du travail de Lyon, 2018.

« Mon beau-frère Bernard, qui est con comme une boussole sans aiguille. Je vous laisse le temps d'imaginer l'objet…

— Bah, y a pas d'aiguille…
— Bah non !
— Bah, ça sert à rien…
— Bah non !
— Bah, j'en fais quoi ?
— Bah rien, tu jettes ! »

« Ma sœur et mon beau-frère Bernard aux sports d'hiver », *Épisode 5*, Bourse du travail de Lyon, 2018.

« Ho ! pimprenelle, tu vas bouger ton carrosse tout de suite, sinon celle-là, elle va venir se garer dans ta gueule sans faire de créneau, et les dents qu'on va ramasser, on les filera aux poules. »

« Noël chez ma sœur », *Épisode 6*, Olympia, 2024.

SMAÏN

(né en 1958)

Bien avant Jamel, il fut le premier humoriste d'origine nord-africaine en France. En 1982 au *Théâtre de Bouvard*, il rencontre les futurs Inconnus, Didier Bourdon, Bernard Campan et Pascal Légitimus, ainsi que Seymour Brussel, avec lesquels il fonde les Cinq. Ensuite, il entame une carrière solo qu'on connait, au théâtre et au cinéma...

« Je lui parlais de rien, elle me parlait de tout. Bref, on parlait de rien du tout ! »

« Dom Juan en boîte », avec Chee à la guitare,
***Le Théâtre de Bouvard*, 4 juillet 1983.**

« L'argent, ça va, ça vient. Mais quand ça vient, ça va ! »

« La gloire du Sentier »,
***Prise de tête*, Café de la Gare, 1988.**

« Dans mes débuts, je me serrais la ceinture. Maintenant, c'est la ceinture qui me serre. »

« La gloire du Sentier », *Prise de tête*, Café de la Gare, 1988.

« Oh la prise de tête, et tout. Eh l'autre, eh ! Eh, j'ai fait des études dans mon entourage proche. Eh pour se la jouer, il y a pas besoin de compter jusqu'à Z. Eh l'autre, eh ! Oh la prise de tête et tout ! »

« Prise de tête », *Prise de tête*, Café de la Gare, 1988.

« Oh l'autre, eh, moi je le connais Michael Jackson !
Déjà, quand j'étais petit il a commencé, il était tout noir.
Et tu le dis à personne, hein ?
Michael Jackson, il habite dans un caisson à oxygène,
il sort à chaque fois qu'il pète sinon il meurt ! »

« Quand j'serai grand, j'serai Noir », *Prise de tête*, Café de la Gare, 1988.

« C'est pas au singe qu'on apprend à faire la limace. »

« Prise de tête », *Prise de tête*, Café de la Gare, 1988.

« Y a-t-il des Français
dans la salle ?
Y a-t-il des Arabes dans la salle ?
Allumez la lumière, s'il vous plaît.
Que les Français lèvent
la main droite ! Que les Français
lèvent la main gauche !
Que les Arabes fouillent
dans les poches ! »

Guy Bedos, Smaïn & Michel Boujenah, « Beur Président »,
***Coup de soleil à l'Olympia*, 1991.**

« Tous les acteurs sont des menteurs, et les plus mauvais font de la politique. »

***Comme ça se prononce*, Casino de Paris, 1996.**

« Il fume des cigarettes faites à la main, avec des morceaux de pelouse dedans et tout. Eh l'autre jour, il était en train de fumer un pétard "ça comme" dans les couloirs de la cave. Il y avait une de ces fumées. Il paraît que ça lui aère les doigts de pied de la tête, et tout. Madame Zukari, la concierge, quand elle a sorti les poubelles, elle était dans un état… Dans un état tout proche de l'Obao, tu vois ! Elle s'est baladée toute la nuit en chantant *Joe le taxi* en verlan arabe. »

« Quand j'serai grand, j'serai Noir », *Prise de tête*, Café de la Gare, 1988.

« C'est beau le jardinage : t'as beau avoir les graines, si t'as pas de pot, t'as pas de fleurs. »

***Comme ça se prononce*, Casino de Paris, 1996.**

« On dit souvent que la vérité sort de la bouche des enfants.
Eh bien, voyez le mien, il me sort par les yeux. J'en peux plus, j'en peux plus !
Faut que je me calme, oui, faut que je me calme ! »

« J'en peux plus », *Comme ça se prononce*, Casino de Paris, 1996.

« Ce qui compte aujourd'hui, c'est l'apparence : quand tu ne parais pas, tu disparais. »

« J'suis tout neuf ! », *Comme ça se prononce*, Casino de Paris, 1996.

SHIRLEY SOUAGNON

(née en 1986)

Après avoir mené une belle carrière dans le stand-up – elle a monté un comedy club, un campus, créé un festival d'humour et réalisé un documentaire filmé sur les scènes ouvertes d'humour –, elle a décidé de faire une pause indéfinie pour se recentrer sur des valeurs plus humaines. Mais avec quatre spectacles dont un où elle est accompagnée d'un groupe de funk, Shirley Souagnon est l'une des humoristes qui comptent le plus aujourd'hui.

« Nous les femmes, on est très graves avec le shopping. J'ai vu des femmes hésiter entre s'acheter une paire de Versace ou payer la cantine de leurs enfants, quand même. »

« Championne de shopping »,
***Sketch Up !*, Théâtre de Dix Heures, 2008-2012.**

« J'ai remarqué un truc tout bête ! C'est impossible d'écouter une personne qui a une tête bizarre. »

***Sketch Up !*, Théâtre de Dix Heures, 2008-2012.**

« Je suis contente de m'appeler Shirley parce que je n'ai pas eu droit au prénom habituel : Fatou. Oui, le nom de code : tout le monde sait que si tu es une fille et que tu es noire, on t'appellera Fatou ! »

***Sketch Up !*, Théâtre de Dix Heures, 2008-2012.**

« Ma vie est discount. Tout est discount chez moi... En commençant par mes seins, mes cheveux, ma taille aussi. Alors, je sais que ça ne se voit pas quand je suis sur scène, mais je mesure 1,59 mètre. Sur ma pièce d'identité, j'ai fait marquer 1,60 mètre. Je n'assume pas le 1,59 mètre, j'ai l'impression d'être un paquet de chips à 1,99 € ! »

***Sketch Up !*, Théâtre de Dix Heures, 2008-2012.**

« On me dit souvent "Bonjour monsieur". Je ne sais pas pourquoi, sûrement à cause des cheveux courts.
C'est vrai que les cheveux longs et lisses sont souvent signes de féminité. Mais on est bien d'accord :
une fille noire qui a les cheveux longs et lisses, ça s'appelle une perruque ! »

***Sketch Up !*, Théâtre de Dix Heures, 2008-2012.**

« On m'avait dit, tu verras,
tu seras vieille quand tu ne pourras
plus faire des soirées comme
avant. Et c'est ça qui m'est arrivé.
J'ai fait une soirée jusqu'à
six heures du matin, je me suis
réveillée à dix heures,
mais la semaine d'après. »

***Free !, The One Woman Funky Show*, Grand Point Virgule, 2015.**

« J'aime mon corps, mais je sais à quoi je ressemble. Il y a des filles, je vous vois, vous pouvez vous mettre nues sans Photoshop – je ne suis pas jalouse – et faire une pub pour Dior. Moi, tu me mets nue, je peux faire une pub pour Médecin Sans Frontières. Il ne me manque que des mouches dans les yeux ! »

« Je drague comme un homme », Montreux Comedy Festival, 2016.

« J'ai arrêté l'iPhone parce que j'ai regardé une émission qui s'appelle *Cash investigation* avec Élise Lucet sur la fabrication des smartphones, et ça m'a ruinée. J'ai vu des enfants travailler toute la nuit pour qu'on fasse des selfies. »

« Comment j'ai arrêté l'iPhone », Montreux Comedy Festival, 2017.

« Je n'ai pas repris un iPhone d'occasion, j'ai pris le dernier. Je me suis dit : quitte à faire bosser les gosses, autant qu'ils bossent bien. J'ai mal réfléchi, j'essaie de me rassurer comme je peux. Je ne me dis pas que je fais travailler un enfant, je me dis que je parraine un enfant. »

***Convergence des luttes*, Montreux Comedy Festival, 2019.**

« On va parler de féminisme,
d'un truc positif qui se passe.
Les mecs, c'est vachement bien,
vous dites des trucs hyper-positifs.
J'entends des mecs se dire entre
eux : "Les gars, si vous faites peur
à une fille sur un trottoir
le soir, changez de trottoir, OK ?"
C'est cool, très cool, mais j'ai mis
longtemps à comprendre
que je faisais partie des gars qui
devaient changer de trottoir aussi. »

***Convergence des luttes*, Montreux Comedy Festival, 2019.**

THOMAS VDB

(né en 1977)

Ancien journaliste musical, chroniqueur télé ou animateur radio, il se consacre désormais à la scène. Il a déjà écrit cinq one man shows, où son humour décalé et absurde repose souvent sur des anecdotes ordinaires, poussées à l'extrême de manière inattendue, créant des scénarios farfelus. Le cinéma fait aussi de plus en plus appel à lui.

« À chaque fois qu'aux infos je vois un gars qui a monté quatre étages pour sauver un enfant d'un immeuble en flammes et qu'il dit la phrase "J'ai fait ce que n'importe qui aurait fait", je me dis : "Merde, est-ce que je l'aurais fait, moi ?" Et je pense que non, je l'aurais pas fait. Bon, au moins ça prouve une chose, c'est que je suis pas n'importe qui ! »

***Thomas VDB s'acclimate*, 2021.**

« Parmi les nouveaux mots
qu'on utilise énormément,
il y a *pervers narcissique*.
On entend les filles entre elles :
"Je crois qu'en fait c'est un pervers
narcissique, protège-toi."
Est-ce qu'on n'a pas juste inventé
une condition médicale pour
les connards ? On avait déjà le mot,
non ? Le pire, c'est que maintenant
ils peuvent dire : "Oui, je suis
un connard, mais j'ai un mot
du médecin." »

***Thomas VDB s'acclimate*, 2021.**

« La première personne qui a dit "Comme dirait l'autre..." pour faire une citation est quand même la seule à avoir inventé une expression juste en ayant un trou de mémoire. »

Post Facebook, 23 octobre 2021.

« Que voulez-vous qu'un anglophone comprenne à *Macumba* de Jean-Pierre Mader, à part que ce n'est pas la peine de la réécouter une deuxième fois ? »

Thomas VDB, *Comedian rhapsodie*, Flammarion, 2021.

« J'ai remarqué que ceux qui te reprochent la soi-disant bien-pensance de gauche sont souvent des cathos de droite. C'est paradoxal parce que Jésus c'était vraiment la caricature du bien-pensant de gauche : la multiplication des pains, dans le texte, c'est du Benoît Hamon pur jus. »

***Thomas VDB s'acclimate*, 2021.**

VÉRINO

(né en 1982)

Il commence le stand-up en 2008 et remplit dès 2013 son premier Olympia sans producteur ni attaché de presse. Alliant une fine observation du quotidien à un point de vue social, il a inventé un format hybride, *Dis donc Internet*, un stand-up sur l'actualité de la semaine où il filme 5 minutes de show pour le web en direct d'une grande salle (plus de 300 épisodes à ce jour).

« Les ampoules à économie d'énergie : t'appuies, ça s'allume 20 minutes après... T'économises 20 minutes. »

Montreux Comedy Festival, 2010.

« Quand il n'y a plus de piles dans la télécommande, il n'y a plus de piles dans la télécommande. Ça ne sert à rien d'appuyer fort sur les boutons, c'est pas du dentifrice ! »

***Vérino se paye l'Olympia*, 2013.**

« Quand ton bébé naît, c'est terminé. Il dort, tu dors, il ne dort pas... Tu dors quand même... Tu fais des nuits de vingt minutes ! Techniquement, cligner des yeux, ça devient une sieste. Tu vois ta femme nue sur un lit : ton fantasme, c'est le lit. »

***Vérino s'installe*, 2017.**

« Tu peux pas juger les complotistes mais tu peux juger les complots... La 5G dans les vaccins ? Comment ça a pu prendre, cette idée ? T'as déjà installé Internet à la maison ? Est-ce que tu penses vraiment que des gens qui mettent cinq semaines à t'installer la fibre, ils sont capables de t'installer la 5G en une piqûre ? T'as déjà vu la tête du mec d'Orange quand il branche ta box et que ça marche ? Même lui il est surpris ! »

***Focus*, 2021.**

« "Nous sommes en guerre !" Vous vous souvenez de ce discours au moment du confinement ? Mais enfin... La Syrie ils sont en guerre ! J'suis pas sûr que je les appellerais pour leur dire : "Ouais, nous pareil... T'es allé au Carrefour ou pas ? Plus de PQ pendant trois jours, mon pote. La galère !" »

***One Night in Paris*, Netflix, 2021.**

« Toutes les six secondes dans le monde entier, c'est l'équivalent d'un terrain de foot qui disparaît. C'est sidérant. C'est sidérant de voir que notre unité de mesure, ça soit encore le bon vieux "terrain de foot". Tu vas voir que, dans dix ans, les fortes pluies on va les compter en pintes de bière. »

***Focus*, 2021.**

« On se retrouve dans un avion, on est une dizaine de sauteurs. Que des professionnels ! Et nous deux, c'est le premier saut de notre vie. On est les deux seuls à avoir un gros Gérard accroché dans le dos, d'accord ? Comme ça, vous voyez à peu près le dessin. Et au moment de sauter, on voit bien qu'on ne fait pas partie de l'équipe, quoi. Tous les professionnels ont leur propre vocabulaire pour se donner du courage. Ils sont là, ils font « Bozo, bozo, bozo ». Je vois ma femme à côté qui est là : "Bozo, bozo." On saute. Arrivée en bas, elle vient me voir, elle me dit : "Mais ça veut dire quoi bozo ?" Bon saut. »

***Focus*, 2021.**

« À 16 ans, elle [Greta Thunberg] est allée faire un discours à l'ONU devant les dirigeants du monde entier. T'as fait ça à 16 ans, toi ? 16 ans, fallait écrire la date au tableau, déjà. »

***Focus*, 2021.**

« J'ai failli mourir à cause d'une arête de poisson pané qui s'est plantée dans ma gorge. Juste niveau statistique, penchons-nous là-dessus deux secondes. Quel est le pourcentage de chances pour qu'une arête de poisson pané vienne se planter dans ma gorge ? Quel est le pourcentage de chances pour qu'il y ait une arête dans du poisson pané ? Quel est le pourcentage de chances pour qu'il y ait du poisson dans du poisson pané ? »

***Focus*, 2021.**

« Je m'épile les poils des oreilles, j'ai pas le choix ! Je viens d'acheter des écouteurs sans fil, c'est pas pour avoir des fils ! »

***Dis donc Internet*, 2021.**

« À Shanghai, il y a un magasin Ikea qui est devenu un lieu de rencontre pour les personnes âgées qui ont perdu leur conjoint. Il y a trois rayons maintenant : le rayon Occasion, le rayon Neuf et le rayon Veufs. »

***Dis donc Internet*, 2024.**

ALEX VIZOREK

(né en 1981)

Les auditeurs de France Inter puis de RTL connaissent bien ce touche-à-tout belge. À la fois humoriste, journaliste, animateur radio, Alex Vizorek est également comédien et coscénariste de contes pour enfants à succès avec *L'Histoire du suppositoire qui voulait échapper à sa destinée* !

« La cymbale doit être à la musique ce que la proctologie est à la médecine, ce que le gardien de but est au football africain : c'est le plus maladroit qui s'y colle. »

***Alex Vizorek est une œuvre d'art*, 2009.**

« La vraie question c'est : des cymbalistes, est-ce qu'il y en a des meilleurs que d'autres ? Qui est le Rostropovitch de la cymbale ? »

***Alex Vizorek est une œuvre d'art*, 2009.**

« Lucio Fontana s'est dit :
"Qu'est-ce qui est mieux qu'un tableau blanc ?
Un tableau blanc avec un coup de cutter dedans !"
C'est génial. Et puis c'est relativement pratique.
Il arrive vers 9 heures à l'atelier, à 9 h 10, le tableau
est terminé. Il peut aller prendre l'apéro avec les amis. »

***Alex Vizorek est une œuvre d'art*, 2009.**

« L'art, c'est comme la politique. C'est pas parce qu'on n'y comprend rien qu'on ne peut pas en parler. »

Slogan final de ses chroniques dans
***Salut les Terriens* sur C8, septembre 2017 - juin 2019.**

« On peut mélanger les cendres
d'un défunt à de la dynamite
pour en faire des feux d'artifice :
"Oh, la belle bleue ! Oh, la belle verte !
Oh… la belle-mère !" »

***Ad Vitam*, 2021.**

« J'aime bien rire aux enterrements.
Ma mamie, elle adore se mettre
au premier rang, elle voit mieux,
elle entend mieux, je sais pas.
Et chaque fois, je m'assois
à côté d'elle et je lui chuchote :
"La prochaine fois, tu seras
peut-être encore mieux placée !" »

***Ad Vitam*, 2021.**

« La crème de nuit, comment elle sait quelle heure il est ? »

***Ad Vitam*, 2021.**

« Les plus grands sont morts. Mozart, il est mort. Einstein, il est mort. Jésus, deux fois il est mort ! »

***Ad Vitam*, 2021.**

« *La Traviata*, c'est l'histoire d'une prostituée qui se révèle être atteinte de la tuberculose. En gros, c'est *Pretty Woman* sous respirateur artificiel. »

***Une histoire de l'Opéra*, 2022.**

« Je voudrais vous parler de l'opéra russe. Le plus grand, c'est Tchaïkovski, il n'a pas fait que de l'opéra. Il a fait des ballets. Il a fait des symphonies. La *Symphonie numéro un*, c'est Tchaïkovski. La *Symphonie numéro deux*… Tchaïkovski aussi. La *Symphonie numéro 3*, tenez-vous bien, c'est Tchaïkovski qui l'a écrite. La *Symphonie numéro 4*… Tchaïkovski. La *Symphonie numéro 5*, c'est de Tchaïkovski. La *Symphonie numéro 6*, c'est de Tchaïkovski. Et bien sûr, celle qui resta inachevée… la fameuse *Symphonie en mi bémol majeur*. »

***Une histoire de l'Opéra*, 2022.**

THOMAS WIESEL

(né en 1989)

Humoriste suisse, il pratique le stand-up avec une autodérision à la fois polie et abrasive, toujours disert en observations ironiques sur le monde. Son dernier spectacle est une critique mordante du monde du travail.

« Quand j'ai commencé l'humour, on m'a dit : "Tu vas voir, ça cartonne avec les filles elles vont se jeter sur toi." Ça fait quatre ans que je fais ce métier, et s'il y a un truc que je peux vous dire, mesdemoiselles, c'est que je vous trouve impressionnantes de retenue. »

Montreux Comedy Festival, 2016.

« UBS veut virer un tiers de ses employés pour les remplacer par des robots. C'est plutôt malin, quand tu y penses, de remplacer un banquier par un robot, parce que ça coûte moins cher un robot, puis ça n'a plus de sentiments. »

Congrès UBS à Pully (Suisse), 21 novembre 2017.

« Quand j'étais petit, je voulais être banquier parce que je trouvais que ça avait l'air cool et j'étais fasciné par le secret bancaire. J'avais l'impression que c'était un truc que les banquiers se chuchotent à l'oreille et que ça permettrait à la Suisse d'être très riche. Après j'ai grandi et j'ai appris que le secret bancaire, c'était juste de dire que l'argent n'a pas d'odeur, même s'il était très sale. De toute façon, même si l'argent avait une odeur, je pense qu'à UBS ils distribueraient des pincettes. »

Congrès UBS à Pully (Suisse), 21 novembre 2017.

« Si ma vie sortait en film, je n'irais pas le voir. Si ma vie était un film, ce serait un film suisse. Pour ceux qui n'ont jamais vu de film suisse, la majorité d'entre vous, on a l'impression que le réalisateur a vu un film d'auteur français et puis il s'est dit : "Hum, c'est pas mal, mais il se passe un peu beaucoup de choses. Nous, on va calmer le jeu." »

***Ça va*, 2019.**

« J'ai un ami qui est médecin, et qui me disait :

— Thomas, tu es bizarre avec les listes, tu es sûr que tu n'es pas Asperger, parce que, eux, ils aiment bien les listes ?

Moi, je lui disais :

— Non, non, non, je ne suis pas Asperger, mais je peux te donner une liste de gens qui le sont. »

***Ça va*, 2019.**

« Je suis allé une fois au salon de l'auto parce que j'étais obligé pour le travail, et je n'ai pas compris pourquoi, à côté des voitures, il y a des filles en robe de soirée qui te montrent qu'il y a une voiture, au cas où tu n'aurais pas remarqué qu'il y avait une voiture. Je ne sais pas, les types vont voir des bagnoles, tu leur mets des bagnoles. Quand tu vas au strip club, il n'y a pas une Fiat Punto qui tourne autour de la barre. Faut arrêter de tout mélanger maintenant ! »

***Ça va*, 2019.**

« Vous êtes persuadés qu'avoir des animaux fait de vous des gens bien. Vous le mettez en photo partout. Moi, j'ai des copines qui likent tous les mecs sur les sites de rencontres qui ont des chiens. Elles disent : "Ah mais ça ne peut pas être un psychopathe, il a un chien." Ah bah non, ça ne peut pas être un psychopathe, il a kidnappé un être vivant pour le forcer à habiter chez lui, pour faire un câlin à un truc chaud avant de dormir. Vas-y, fonce, de quoi tu as peur ? »

***Ça va*, 2019.**

« En Suisse, on n'est que 8 millions et demi. On a une courbe de natalité un peu plus plate. Mon explication, c'est la faute de la fondue et de la raclette. C'est impossible de procréer avec le ventre plein. »

Montreux Comedy Festival, 2023.

« Dans le CV, on doit mettre une référence de quelqu'un dans un emploi précédent qui peut valider qu'on n'a pas menti sur les différents trucs. Et on met tous quelqu'un qui nous a bien aimés dans un autre job. On n'est pas débiles. C'est pas objectif. Si on voulait que ça soit objectif, on devrait mettre dans les références au moins un ou une ex. Là, tu vas avoir une liste de faiblesses. »

***Thomas Wiesel travaille*, 2023.**

« Un mois que je suis en tournée en France, cela veut aussi dire un mois de contacts très rapprochés avec la SNCF. Et je vous comprends mieux. Cette rage qu'il y a l'intérieur… »

« Un mois au Trianon »,
***Thomas Wiesel travaille*, 2024.**

POSTFACE

Comment ce livre a-t-il été fait ?

À la demande des éditions Le Robert, j'ai tenté de réunir des répliques marquantes, amusantes ou populaires issues principalement de spectacles d'humour seuls en scène depuis Coluche. Pourquoi commencer avec lui, il y a cinquante ans ? Parce que son humour paraît assez indémodable, en ce qu'il popularise dès les années 1970 un style d'adresse directe aux spectateurs et une gouaille populaire qui préfigure la mode du stand-up, importée des États-Unis dans les années 2004-2005. Réunir ces répliques couvrant cinquante ans d'humour est une manière de rendre hommage au talent de nos humoristes, d'inscrire leurs trouvailles et leurs virtuosités de langage dans le patrimoine.

Sur quels critères repose la sélection ?

La règle que nous nous sommes fixée pour choisir les répliques est que celles-ci soient empruntées à des spectacles de scène, la plupart du temps en solo (one man show, stand up, seul-en-scène). Tout ce qui n'est pas *stricto sensu* humour de scène en solo ou en duo a été écarté de la sélection. Ainsi donc, pas de pièces de théâtre (ni de café-théâtre type

Le Splendid ou Les Robins des Bois), pas de textes d'imitateurs, souvent écrits par d'autres et où la performance est essentiellement vocale, de même qu'est gestuelle la performance des mimes (Courtemanche) ou des clowns (M. Fraize). Pas de films ou de créations web (hors quelques chroniques TV ou radio reprenant le style stand-up), pas de citations antérieures à 1975 (sauf quelques-unes de Coluche, dont la carrière a commencé avant). Enfin, je n'ai pas inclus les collectifs de youtubeurs, les chaînes d'influenceurs, pas plus que les collectifs de scène ou les improvisations d'orateurs tout terrain comme Édouard Baer. Pour autant, certaines références humoristiques peuvent être citées dans l'univers audiovisuel.

Beaucoup de programmes ont porté l'humour à la TV comme *Caméra Café* de Bruno Solo et Yvan Le Bolloc'h, *Un gars, une fille* avec Jean Dujardin et Alexandra Lamy, le duo Antoine de Caunes et José Garcia à *Nulle part ailleurs*, Les Deschiens, *Groland*, *Kaamelott* d'Alexandre Astier, *La Grosse Émission* longtemps animée par Kad et Olivier, *Le cinéma de Guillaume* sur Canal+, le *Palmashow*, *Bref*, *Serge le Mytho*, *Bloqués*, *La Flamme* et *Le Flambeau* de Jonathan Cohen, *Les Tutos* de Jérôme Niel, *Les Recettes pompettes* de M. Poulpe, ou les vidéos *Broute* de Bertrand Usclat.

Nombres de podcasts s'intéressent à la fabrique et aux coulisses de l'humour : *À bientôt de te revoir* de Sophie-Marie Larrouy, le *Small Talk* de David Castello-Lopes, *Sous écoute* de Mike Ward, *Un bon moment* de Kyan Khojandi et Navo, le *FloodCast* d'Adrien Ménielle et Florent Bernard, le coauteur de Baptiste Lecaplain.

Enfin, les youtubeurs comme Norman, Cyprien, Natoo, Squeezie, McFly et Carlito, ou, dans un registre plus satirique, Matthieu Longatte dans *Bonjour Tristesse*, et les collectifs web comme Studio Bagel, Golden Moustache ou Suricate ont renouvelé les codes de l'humour depuis une quinzaine d'années.

D'où sortent les citations ?

Elles résultent des retranscriptions écrites que j'ai réalisées en visionnant et en revisionnant des captations de spectacles, de sketchs ou de bandes-annonces. Souvent, les vidéos ont été captées lors de festivals comme Juste pour rire à Montréal, le Montreux Comedy Festival, le Marrakech du rire, le Festival du rire de Rochefort, ainsi que les Open du rire de Rire et Chansons ou les captations de la chaîne web YouHumour. Si l'on peut trouver quelques retranscriptions de sketchs sur Internet (voir les sites atatheatre.com, buze.michel.chez.com ou Wikiquote), la plupart des répliques réunies ici sont inédites à l'écrit.

Choisir les meilleures répliques de l'humour de ces cinquante dernières années, c'est prendre en compte avec un temps de retard des humoristes déjà installés. Mais on espère que cette sélection vous fera rire, sourire, rêver ou réfléchir !

Julien Barret

N° editeur : 119021/10291568
Dépotlégal : octobre 2024
Achevé d'imprimer en septembre 2024 par Unigraf, Espagne